Wolfgang Krahé & Heinz-Jürgen Weigt

Wie geht es Dir?

Die heilsame Kraft der Begegnung

Wolfgang Krahé & Heinz-Jürgen Weigt

Wie geht es Dir?

Die heilsame Kraft der Begegnung

WESTARP
SCIENCE
FACHVERLAG

Impressum:

Wolfgang Krahé & Heinz-Jürgen Weigt
Wie geht es Dir?
Die heilsame Kraft der Begegnung

Lektorat: Adele Gerdes, Annette Pröhl, Sarah Weigt

Die 3., vollständig durchgesehene Auflage 2016 erschien im
© Verlag Dietmar Klotz GmbH in der SichVerlagsgruppe
ISBN 978-3-88074-012-9

4., unveränderte Auflage 2018

in der Mediengruppe Westarp
Kirchstr. 5 - 39326 Hohenwarsleben
www.westarp.de, www.westarp-bs.de, www.book-on-demand.de

ISBN: 978-3-86617-150-3

Druck und Bindung: Kühne & Partner Druck GmbH, Helmstedt
www.druckerei-kuehne.de, www.unidruck7-24.de

Printed in Germany.

Inhaltsverzeichnis

TEIL I: VOR DER REISE 19

1. Warum reisen? Die heilende Kraft der Begegnung 19

1.1 Die existentielle Sehnsucht des Menschen 19

1.2 Die Frage und der Job – oder: Die Magie des Erfolges . . . 20

1.3 Die Frage und die Liebe – Brücken aus der Einsamkeit . . . 23

2. Rüstzeug: Zwei Navigationshilfen 27

2.1 Autonomie oder: „Worum geht es mir?“ 27

Primäre Autonomie 27

Sekundäre Autonomie 28

Die entscheidende Frage: „Worum geht es mir?“ 31

2.2 Präsenz oder: Im Auge des Zyklons 32

Narzissmus: Die Ökologie von Selbstwert und Lebensfreude 33

Aggression: Fressen und Gefressen werden 36

Die drei Schlüssel: Bewegung, Atmung, Töne 39

Sexualität 41

Das Präsenz-Dreieck 44

TEIL II: AUFBRUCH: WIE GEHT ES UNS? 47

3. „Wie geht es Dir?“ – Der Umgang mit der Frage 47

3.1 Tabus 47

Nach außen verborgen – nach innen vergessen 49

3.2 Gefangen zwischen Sehnsucht und Panik: Die Ambivalenz zwischen Nähe und Distanz 52

3.3 Die nicht gestellte Frage: Autonomie und Abhängigkeit . . 55

3.4 Vermeidungsrituale 60

Vermeidungsstrategien in der Liebe 64

4. „Wie geht es mir?" – Meiner Wahrheit ausweichen 66
4.1 Leugnung der eigenen Wahrheit .66
Die Projektion 67
Licht und Schatten 69
Der Preis der Diskrepanz: Burnout 70
Der Gewinn des Blicks nach innen: Unsere wunderbaren Gaben 72
Integrationshilfen 73
Indolenz und Hypochondrie 75
4.2 Angst – Ich wage nicht, zu wissen 78
Süchte 79
Die leere Wohnung 80
Il est trop tard 81
Die Wahrheit bahnt sich ihren Weg 83
Beispielsweise: Das kindliche Selbst als Schattenselbst 83
Angst und Tabu auf kollektiver Ebene: Der Schatten als Sündenbock . 86

TEIL III: DURCHBRÜCHE – UNTERWEGS ZU UNS 87

5. „Wie geht es mir?" – Meiner selbst inne werden 87
5.1 Durchbruch: Der Blick in den Spiegel wird aushaltbar . . .87
Gemeinsam in den Spiegel schauen 90
5.2 Liebe zu mir selbst 91
Zentral: Der liebende Umgang mit dem „inneren Kind" 96
5.3 Die Grundsituation: Zwei Kinder schauen nach oben 98

6. „Wie geht es Dir?" – Frag es richtig! 101
6.1 Grenzüberschreitungen, oder:
Darf ich überhaupt fragen? 101
Das Passwort 103
6.2 Am Anfang steht die Achtsamkeit 104
6.3 Drei Schlüssel zum Anderen 107
Gesetz der Harmlosigkeit 107
Gesetz vom Nicht-Urteilen 109
Containing 110

6.4 Wo treffen wir uns? – Die existenziellen Ebenen 112
Das Klischee 112
Die Rolle 116
Die persönliche Ebene. 118
Achtsame Begleitung: Verantwortung und Chance 122

7. Die Sache mit der Antwort 125
7.1 Erträgst Du Deine Antwort auf meine Frage? 125
Der Verlust der Illusion über sich selbst. 126
7.2 Die Antwort als Initialmoment des Wandels 128
Initiation: Tod und Wiedergeburt 129
Schwellensituationen. 131
Übungssache! 132
7.3 Ertrage ich Deine Antwort – und damit Dich? 136
Schwer aushaltbare Antworten 137
Die Kunst des Ja-Sagens. 139
7.4 Risiken und Nebenwirkungen 145

TEIL IV: ANKOMMEN. 151

8. Begegnung, Transformation, Wandel 151
8.1 „Every contact leaves a trace" –
Jede Begegnung verändert 151
Auferstehung – in jeder Begegnung 152
8.2 Der magische Moment – Schwingen. 154
Momente des Übergangs 158
Lockerlassen, Erweiterung, Ausdehnung – Fließen. 160
8.3 Vorsicht, Falle! 162
Zu früher Sprung aus der Struktur 163
Ideologische Fallen, konfektionierte Sinngebung 161
Progression statt Regression. 166

9. Dasein in Liebe – Der Kreis schließt sich 168
9.1 Schauplätze 168
Business-Welt und Berufsalltag. 168
Mann-Frau-Beziehung – Versöhnung auf dem Feld der Liebe 171
9.2 Verdeutlichungen anhand des Präsenzdreiecks 171
Kredit für Blödheit 174
Erleuchtung? 175
9.3 Präsenz im Licht der Transaktionsanalyse. 176
9.4. In der Zukunft geborgen 184

10. Und so stürzen wir denn 189

Literaturauswahl 191
Danksagungen 196
Über uns 198

Abbildungsverzeichnis

Abb. 1: Präsenz-Dreieck: Trägerenergien von Begegnungen [Krahé/Weigt] . . . 33
Abb. 2: Präsenz-Dreieck: Trägerenergien von Begegnungen [Krahé/Weigt] . . . 44
Abb. 3: Präsenz-Dreieck: Vermeidung von Präsenz durch extremen Narzissmus [Krahé/Weigt]. 94
Abb. 4: Präsenz-Dreieck: Vermeidung von Präsenz durch fehlende Sexualität [Krahé/Weigt]. 95
Abb. 5: Präsenz-Dreieck: Präsenz [Krahé/Weigt]. 96
Abb. 6: Bedrohungen der Präsenz eines Gruppenleiters 173
Abb. 7: Modell der Transaktionsanalyse 176
Abb. 8: Dein Partner wendet sich aus seinem Kindheits-Ich an Dein Eltern-Ich, welches sich erschreckt und sich überfordert fühlt. 177
Abb. 9: Dein Kindheits-Ich wendet sich genauso bedürftig an das Eltern-Ich Deines Partners, das ebenso erschrickt und sich überfordert fühlt. Auf Augenhöhe von Kind zu Kind findet kein Kontakt statt.. 178
Abb. 10: Dein Eltern-Ich gibt die Forderung Deines Partners an Dein Kindheits-Ich weiter, das verzweifelt protestiert.. 178
Abb. 11: Verzweifelt klagt Dein Eltern-Ich das Kindheits-Ich Deines Partners an. Es gibt weiterhin keinen Kontakt auf Augenhöhe.. 179
Abb. 12: Die Erwachsenenebene erlaubt eine Begegnung auf Augenhöhe. Die Lebensenergie fließt frei durch das innere Zentrum der Präsenz zueinander und durcheinander hindurch. Die Begegnung ist gleichzeitig persönlich und transpersonal. 180

Die Fallgeschichten in diesem Buch sind anonymisiert, teils verdichtet und modifiziert. Wir haben dafür Sorge getragen, die Identität unserer Freunde und Klienten in den Geschichten gut zu schützen.

Vorwort zur zweiten Auflage

Als wir am 20. Dezember 2009 die ersten Exemplare unseres Buches in den Händen hielten, hätten wir niemals gedacht, dass bereits wenige Monate später eine zweite Auflage notwendig sein würde. Das rege Interesse unserer Leser und deren fast ausnahmslos freundliche, unterstützende und für uns aufschlussreichen Rückmeldungen haben uns berührt und uns auf unserem Weg zu einem tieferen Verständnis der menschlichen Begegnung weitergebracht.

Die zweite Auflage wurde durchgesehen und korrigiert, sie bleibt jedoch bis auf eine inhaltliche Änderung im Kapitel 7.2. unverändert.

Vieles, was zum Zeitpunkt der Drucklegung der ersten Auflage noch als Entwurf erschien, hat sich mehr und mehr konkretisiert. Wir haben verstanden, wie wichtig es ist, den persönlichen Dialog zu unseren Lesern zu suchen. Nicht zuletzt im Rahmen der Leipziger Buchmesse hat sich dieses deutlich erwiesen.

Wesentlich ist die Tatsache, dass sich die erwähnte Bridging Triologie in der Praxis sehr gut bewährt hat und zunehmend Menschen anzieht, die unser Buch gelesen haben.

Auch dieses Mal möchten wir uns bei unseren Verlegern Ursula Hensel und Wolfgang Sich für ihre Solidarität und ihre permanente Ermutigung im Werdensprozess dieses Buches herzlich bedanken, ebenso wie bei all jenen, die hier nicht persönlich genannt werden sollen, ohne deren Anregungen jedoch dieses Buch niemals seine Lebendigkeit aufrecht erhalten könnte.

Oktober 2010

Wolfgang Krahé, Heinz¬Jürgen Weigt

Vorwort zur 3. Auflage

Seit der 2. Auflage sind nunmehr sechs Jahre vergangen in denen eine Fülle von Lesern uns Rückmeldung darüber gab, wie unser Buch sie berührt hat, was Ihnen weiterhelfen konnte, aber auch was irritierte.

Auch für uns Autoren ist dieses kleine Buch zu einem wichtigen Begleiter geworden, der uns immer aufs Neue mit der enormen Bedeutung konfrontiert, die in der wahrhaftigen, authentischen und unverstellten Begegnung liegt.

Besonders Menschen, die sich beruflich nicht mit psychodynamischen Zusammenhängen beschäftigen, konnten manchmal mit den eher theoretischen Passagen zunächst nicht so viel anfangen. Umso erfreulicher und faszinierender ist, dass gerade jene, die sich persönlich für das Thema Begegnung interessieren, häufig nach ein zwei Jahren sagten: Ich habe das jetzt noch mal ganz langsam gelesen und dabei festgestellt, dass das Erlebnis des ersten Lesens noch in mir nachwirkte, und jetzt verstehe ich was gemeint ist. Ich begreife auch, dass es nicht nur an den komplizierten Inhalten lag, sondern auch daran, dass zunächst in mir ein Prozess stattfinden musste, der mich inzwischen dahin führte, auf einer existenziellen Ebene zu begreifen, was mit Autonomie, vor allem aber auch mit Präsenz gemeint ist. Für viele ist das Präsenzdreieck inzwischen eine vertraute Orientierungshilfe im Alltag.

Das Buch wurde also für viele ein Begleiter, der immer wieder aufs Neue Impulse geben, unterstützen, manchmal auch trösten konnte. Dabei sind die Übungen im Buch für viele eine wesentliche Hilfe gewesen, vor allem dann, wenn schon bekannte Übungen in bestimmten Lebenszusammenhängen ins Bewusstsein drangen und dann umso besser erlebbar machten, wofür sie gedacht sind.

Viele Leser nutzen dieses Buch also als ständigen Ansporn, die darin beschriebenen Dynamiken und Prozesse immer neu zu reflektieren ohne dabei zu vergessen, dass das meiste darin, vor allem aber Präsenz ein lebenslanges Projekt darstellt. In Anlehnung an Gurdjieff[1] schlagen wir daher vor, das Buch drei Mal zu lesen: Beim ersten Mal so nachlässig wie man normalerweise ein Buch liest. Daran anschließend

---

1 Georges I. Gurdjieff, Beelzebubs Erzählungen für seinen Enkel. Eine objektiv unparteiische Kritik des Lebens der Menschen. All und Alles. 3 Bände, Triangle Editions 2010

extrem langsam, Wort für Wort, so dass man wirklich sicher ist, jedes Wort verstanden zu haben und schließlich noch ein drittes Mal, konzentriert aber zügig, um auf diese Art zu guter Letzt nicht nur den Inhalt aufzunehmen sondern auch den Gesamtzusammenhang zu verstehen.

Auch für uns Autoren ist es immer wieder faszinierend, wenn wir im Nachhinein beginnen, besser zu verstehen, was wir damals geschrieben haben. Wir verstehen dann, dass wir gemeinsam mit unseren Lesern in einem permanenten Entwicklungsprozess verbunden sind und wir sind dankbar, dass dieses Buch existiert und uns dabei unterstützt.

Interessanterweise gibt es unter anderem die Lesergruppe der jungen Coaches und Psychotherapeuten, die unserem Buch einen besonderen Stellenwert zuordnen. Für diese Kollegen ist wichtig, dass wir uns im Gegensatz zu vielen anderen Büchern an der gelebten Erfahrung heilender Beziehungen orientieren und weniger an der Anwendung von psychopathologischen Theorien auf eben jene Beziehungen. So ist neben diesem Buch unsere Seminarreihe Bridging entstanden, die zwischenzeitlich von der Ärztekammer als Fortbildung anerkannt wird.

In den letzten sieben Jahren ist dieses Buch also mit uns gemeinsam gewachsen und wir sind gemeinsam mit diesem Buch gewachsen. Wir sind voller Dankbarkeit für ein reiches und lehrreiches Echo aus den unterschiedlichsten Lesergemeinschaften. Wir schauen voller Neugier auf das nächste Zeitsegment und freuen uns darüber, dieses Buch nun in einer 3. Auflage zur Verfügung zu haben.

Wir hoffen sehr, dass Ihr alle, Ihr alten und neuen Leser unserem gemeinsamen Prozess verbunden bleibt und wir wünschen uns sehr, dass Ihr uns weiter durch Eure Rückmeldungen daran teilhaben lasst, ob, wie und vor allem auch in welchen Bereichen und wie nachhaltig dieses Buch einen Beitrag zu Eurem Lebens- und Lernprozess leisten kann.

Unser besonderer Dank gilt dem Klotz Verlag und dabei insbesondere unseren Verlegern Wolfgang Sich und Ursula Hensel, die beide, jeder auf seine Art dieses Buch freundlich und kompetent begleitet haben.

April 2016

Wolfgang Krahé und Heinz-Jürgen Weigt

Einleitung

Liebe Leserin, lieber Leser,
es geht uns in diesem Buch um *Begegnung*. Und *Begegnung* meint hier, dass man im tiefen, existenziellen Sinne voneinander berührt wird.

Wir versuchen in diesem Buch, mit Ihnen in einen Dialog zu treten. Einen Dialog, der Sie berührt – wenn Sie das möchten und bereit sind, sich dafür zu öffnen. Und das bedarf einer bezogenen Sprache.

Wir bieten Ihnen daher das „Du“ an. Denn die Sprache der tiefen Begegnung ist meist die Sprache des „Du“. Wir wissen, dass „Du“ mal eine Leserin, mal einen Leser meint, nichtsdestotrotz haben wir uns im Sinne einer besseren Lesbarkeit des Textes meist für die männliche Variante entschieden, ohne dass hier eine Wertung gemeint ist.

Um Dir den Inhalt eines Kapitels zu erschließen, beginnen wir meist mit einem Zitat, aber manchmal auch mit einem Motto, das uns geeignet erschien.

Dieses Buch will nicht nur eine Begegnung zwischen den Autoren und den Lesern erzeugen, es ist auch das Resultat der Begegnung zwischen uns Autoren:

Am Anfang unserer Freundschaft stand der Zusammenprall zweier Welten.

Der Spießer und der Freak

Der Spießer

Eine kalte und neblige Januarnacht, irgendwann Ende der 1980er Jahre: Mit der späten Fähre erreichte ich die kleine Nordseeinsel. Ich sollte für eine Woche ein Persönlichkeitsseminar besuchen. Das Wetter passte zu meiner Stimmung: eisig. Meine Firma war auf die Idee gekommen, alle leitenden Mitarbeiter zu „Psychokursen“ zu schicken. Eine Schnapsidee! Als Manager mit naturwissenschaftlichem Studium konnte ich diesem „Gerede über Gefühle“ nichts abgewinnen. Ich stand mitten im Leben, war beruflich erfolgreich, hatte Familie und Freunde, wozu also mich mit den „psychisch Labilen“ in einen Kurs setzen? Wahrscheinlich war ich nun fünf Tage lang dem Gefasel von Fundis, Existenzialisten, Spätachtundsechzigern oder Esoterikern ausgeliefert. Was mich hochhielt, war die stille Hoffnung, vielleicht wenigstens ein oder zwei Gleichgesinnte zu treffen, mit denen ich mich dann bei Gelegenheit abseilen würde.

Im Hotel angekommen, sah ich prompt meine schlimmsten Befürchtungen bestätigt. An der Rezeption stand vor mir ein Typ in einem alten Parka, lange Haare, langer Bart. Ich hielt Abstand – hoffte, er werde mir als Teilnehmer des Seminars erspart bleiben.

Am nächsten Tag ging ich sehr früh zum Frühstück. Um klar Position zu beziehen, kleidete ich mich in Anzug und Krawatte. Der Typ vom Vorabend – der mir indes nicht aus dem Kopf gegangen war – fehlte, stellte ich erleichtert fest. Die anderen Frühstücksgäste kannte ich nicht. Mit meinem Schlips war ich in der Minderheit.

Das Seminar begann in einem Nebenraum des Hotels mit 18 Teilnehmern und zwei Trainern, sogenannten Psychologen. Ich überlegte kurz, ob das wohl eine „richtige“ Ausbildung sei – Psychologe. In einem „get together“ sollte sich jeder Teilnehmer mit jedem anderen für eine Minute austauschen. Während dieser Übung ging die Tür auf, und zu meinem Entsetzen … kam der Freak vom Vorabend herein. Er war Teilnehmer! Ich mied ihn bis zum Schluss der Übung. Er hatte offensichtlich auch keine Lust, mit mir zu reden. Doch es kam schlimmer: Es mussten zwei Gruppen gebildet werden. Natürlich kam ich mit diesem Typen in eine Gruppe. Und dann sollten auch noch Vierergruppen gebildet werden, sogenannte Vertiefungsgruppen, die es dem Einzelnen noch weniger möglich machten, sich zu verstecken. Diese Gruppen firmierten zu allem Überfluss unter dem distanzlosen Label „Kuschelgruppen“. Das Grauen erreichte seinen Höhepunkt, als mich der Freak am Ärmel in seine Gruppe zog und ich zu perplex war, um schnell genug abzuwehren. Wie kam ich bloß aus dieser Nummer wieder heraus? Gestorbene Großmutter, dringendes Fax von der Firma …?

Der Freak

Einer der Trainer hatte mich zu dem Sensitivity Training eingeladen. Wir kannten einander aus der gemeinsamen gruppentherapeutischen Arbeit in der Klinik, und ich wollte nun an diesem Gruppenseminar teilnehmen, um mich – zunächst nur als Teilnehmer – der gruppendynamischen Arbeit wieder zuzuwenden. Ich hatte sie vor Jahren zugunsten der Gruppenpsychotherapie aufgegeben.

Ich wusste, mich erwartete eine Gruppe, die zum überwiegenden Teil aus Führungskräften von Unternehmen bestand und hegte entsprechende Befürchtungen. Ich fuhr also in der besagten regnerischen Nacht mit deutlichen Gefühlen der Beklemmung auf die kleine Nordseeinsel. Schon auf der Fähre meinte ich einen Großteil der Teilnehmer aufgrund ihres förmlichen Auftretens und ihrer verschlossenen Gesichter identifizieren zu können. Etwa diese schöne blonde Frau, die mit grimmigem Gesicht hoch konzentriert und angespannt ihren riesigen silbernen Rimowakoffer bewachte. Diese Form der Verschlossenheit wirkte auf mich beängstigend. In meiner damaligen Welt der Psychiatrie wurden Formen eher aufgelöst. Das Erstarren in Rollen dagegen löste Assoziationen von Gnadenlosigkeit, Kälte und Isolation in mir aus.

Mit diesen Gedanken beschäftigt, stand ich im Hotel an der Rezeption, als ich die Ankunft von jemandem bemerkte, der den worst case eines möglichen Teilnehmers für mich verkörperte – verschlossen, overstyled und superaggressiv. Mein inneres Kind fühlte Ängstlichkeit. Ein anderer Teil in mir dachte jedoch, wenn dieser Typ an dem Training teilnimmt, sollte er in Deiner Gruppe sein, denn an ihm findest Du die größte Herausforderung. Ehrgeizig wie ich war, war ich bereit, mit ihm die Klingen zu kreuzen. Diese Bereitschaft zur Herausforderung war es, die mich motivierte, ihn in meine Gruppe zu bitten, bis hin zu der beschriebenen Kuschelgruppe.

Als wir – also ‚der Spießer und der Freak' – uns wirklich in der Gruppe begegneten, zerplatzten unsere gegenseitigen Vorurteile wie Seifenblasen. Unser beider Leben wurde erweitert durch eine Begegnung, die wir am liebsten vermieden hätten, und es wurde der Grundstein für eine Freundschaft gelegt, die bis heute anhält. Eine Freundschaft, die sich beispielsweise in diesem Buch manifestiert.

Zu diesem Buch

Seit dieser Begegnung ist viel passiert. Wir haben uns in zahlreichen Situationen über unser Erleben in der Welt ausgetauscht und als gemeinsamen Nenner unserer beiden Lebenswelten die *Begegnung* erkannt. Der Austausch über unsere beruflichen Felder führte schließlich zur Formulierung der Organisationspsychotherapie, OPTh. Gleichzeitig haben unsere Freunde und Klienten immer wieder den Wunsch geäußert, dass wir unsere Gedanken in einer nachvollziehbaren Weise als Buch formulieren sollten. Es dürfte auch ruhig unterhaltsam sein.

Hierüber diskutierten wir in einer Sommernacht 2006. Heinz-Jürgen gab den Impuls, indem er mich, Wolfgang Krahé, fragte: „Was ist denn eigentlich die entscheidende Frage, mit der Du den Menschen gegenübertrittst, die sich an Dich wenden?" Ich zauderte kurz und antwortete dann: „Die Mutter aller Fragen für alle zwischenmenschlichen Vorgänge, die in unserer Welt relevant sind, ist die Frage: ‚Wie geht es Dir?'" So wurde der Gedanke zum Schreiben dieses Buches geboren. Viele Bilder über das Schicksal dieser Frage in den unterschiedlichen existenziellen Ebenen und in den verschiedensten alltäglichen Kommunikationssituationen, die wir im Buch näher beschreiben werden, drängten sich geradezu auf.

Dieses Buch ist kein Lehrbuch. Es soll Dich, lieber Leser, unterhalten und in Deinem eigenen Entwicklungsprozess anregen und unterstützen – im klassischen Sinne des „prodesse et delectare“[1]. Unsere Sorgfalt beim Schreiben galt dem Versuch, die energetischen Aspekte von Begegnungsprozessen immer neu zu verdeutlichen.

Das Buch enthält viele Fallbeispiele, um das Erzählte anschaulich zu machen. Und vielleicht gelingt es der einen oder anderen Erzählung – analog zu einer Zen-Geschichte – Dich, liebe/r Leser/in, anzusprechen. Nutze dies im Sinne einer Chance, Dich in die Energie der Geschehnisse, die Dich ansprechen und daher zu Dir passen, einzuschwingen und so möglicherweise Entwicklungs- und Veränderungsprozesse in Dir auszulösen.

Weiter bietet das Buch einige ausgewählte Übungen an – als Anregungen und Stärkungen für Deinen persönlichen inneren Prozess und möglicherweise als Brücken, die Dich, falls Du das Risiko wagst, sie zu betreten, in innere Schichten Deiner Selbst führen können.

Einladung

Wir laden Dich ein, liebe/r Leser/in, gemeinsam mit uns eine *Reise* zu unternehmen – entlang der Frage „Wie geht es Dir?“ – und dabei ein weites Spektrum an Lebenswelten zu erkunden: Wir betrachten den Bereich der professionellen Kommunikation, durchstreifen die Welt von Business und Management; wir betrachten den essentiellen Bereich der familiären Erfahrungen, wir nehmen die Kindheit, die Liebesbeziehung, die Freundschaft in den Blick. Du wirst sehen, dieses Spektrum an Welten ist stärker miteinander verbunden, als man gemeinhin denkt. Das Verbindende ist die Begegnung – die existentielle Sehnsucht nach Begegnung und die Angst vor ihr.

---

1 nützen und erfreuen

Dieses Buch folgt dem stufenförmigen Prozess der Begegnung: Am Anfang steht die häufig scheinbar so belanglose Frage: „Wie geht es Dir?". Und Ankunft bedeutet immer wieder: anzukommen in der Tiefe und Vieldimensionalität der menschlichen Begegnung mit sich selbst und dem anderen.

Wir laden Dich ein, an diesem Prozess teilzunehmen. Es kann sich für Dich lohnen. Denn die Tiefe der Antwort auf die Frage ‚Wie geht es Dir?' entscheidet darüber, ob Du mit Deinem wahren Sein verbunden bist, ob Deine Beziehungen wirklich bezogen sind und ob Dein Leben einsam ist oder in Liebe mit den anderen vereint.

Wolfgang Krahé, Heinz-Jürgen Weigt
Herbst 2009

TEIL I:

VOR DER REISE

1. Warum reisen? Die heilende Kraft der Begegnung

1.1 Die existentielle Sehnsucht des Menschen

„Wie geht es Dir?" Kaum ein Tag vergeht ohne diese Frage. Kaum ein Tag, an dem Du nicht jemanden fragst, oder Du gefragt wirst. Meist bemerkst Du es kaum noch. Die Frage ist so alltäglich, so häufig, die Antworten sind meist so belanglos. Gleichwohl: So unbemerkt sie auch sein mag – so wichtig ist sie auch. Sie fungiert beispielsweise als eine Art *Ankopplungsmanöver*, ähnlich dem Händeschütteln, das meist auch unterhalb der Schwelle des Bewusstseins, verkommen zur Floskel, stattfindet. Allenfalls erleben wir den, der nicht fragt oder die Hand gibt, als unhöflich.

Beide Gesten – die Frage und das Händeschütteln – drücken zwei wesentliche Grundbedürfnisse des Menschen aus, nämlich jenes nach *Spiegelung*, im Sinne echten Interesses, und jenes nach *Berührung* in einer intensiven Form. Hier liegt das Motiv der gemeinsamen Reise durch die weite Landschaft der inneren Prozesse, zu der wir Dich einladen möchten: die *existentielle Sehnsucht* des Menschen nach Spiegelung und Berührung

In einer psychotherapeutischen Praxis vergeht kaum ein Tag, an dem nicht das Befremden oder das Leid sichtbar wird, das daraus resultiert, dass die Frage „Wie geht es Dir?" zwar gestellt, aber nicht beantwortet wird, meist aus Scham oder Stolz. Das zugrunde liegende Problem liegt letztendlich darin, dass wir uns zwar nach nichts so sehr sehnen wie nach richtiger, tiefer, begegnender Kommunikation und Nähe. Andererseits fürchten wir aber nichts so sehr. Begegnung bedeutet, einander quasi nackt gegenüber zu stehen – nicht mehr verbergen zu können, was wir in unser Idealbild von uns selbst nicht integrieren können, wessen wir uns schämen und was wir an uns selbst hassen.

Es berührt uns immer sehr, den Annäherungsprozess neuer Teilnehmer in einer schon lange laufenden Selbsterfahrungsgruppe zu begleiten. Eine schon länger laufende Gruppe ist normalerweise bereits gewöhnt, auf einem sehr intimen und offenen Niveau miteinander umzugehen. Ein hohes Maß an Nähe ist spürbar. Wenn Teilnehmer aus der Gruppe ausscheiden, werden diese freien Plätze von neuen Teilnehmern besetzt. Zum einen ist es eindrucksvoll, wie fein die Gruppe in der Lage ist, sich selbst so zu dosieren, dass sie dem neuen Mitglied eine echte Chance zur Integration bietet, ohne es zu überfordern. Zum anderen ist deutlich sichtbar, wie groß das Erstaunen, oft auch Erschrecken eines neuen Teilnehmers über so viel zwischenmenschliche Unmittelbarkeit ist. Dabei ist der Wunsch, dies auch erleben zu dürfen, praktisch immer größer als die Tendenz zur Flucht. Kaum jemand verlässt die Gruppe ohne das Gefühl einer tief berührenden und sein Leben dauerhaft verändernden Erfahrung. Ein wesentliches Merkmal dieser Erfahrung ist die Erkenntnis: Begegnung ist möglich. *Viele von uns tragen die Trauer um verpasste Begegnungen in sich.*

1.2 Die Frage und der Job – oder: Die Magie des Erfolges

Lass uns beginnen mit einer Anekdote – einem Wendepunkt in einer beruflichen Biografie:

„Hilft Dir der Azubi heute?"

Nach dem Studium, im ersten Jahr meines Berufslebens, war ich als technischer Sachbearbeiter in einem Unternehmen des internationalen Anlagenbaus tätig. Ziemlich überraschend bekam ich die Chance, ein großes Projekt zu übernehmen. Natürlich fühlte ich mich ausgesprochen geschmeichelt: Endlich stand ich in einem Organigramm ganz oben, eben als Projektleiter. Von den Konstruktions-, Fertigungs- bis Montageabteilungen waren dem Projekt Leute zugeordnet worden – und formal waren sie nun für die Dauer des Projekts dem Projektmanager, also mir, unterstellt. Mein damaliger Chef, heute würde ich ihn auch Mentor nennen – damals war mir noch völlig unbekannt, was ein Mentor ist – sagte zu mir: „Jetzt steht Ihr Name in dem Organigramm in einem wichtigen Kästchen. Dafür, dass Sie es auch persönlich füllen, müssen Sie nun sorgen." Mich packte der Ehrgeiz. Als Erstes schrieb ich Arbeitsanweisungen: Positionierung dieses Projektes im Unternehmen, Projektregeln etc. Damals gab es noch keine E-Mails, ich kopierte also fleißig, um die entsprechenden Verteiler zu bedienen. Jeden Abend war mein Postausgangskörbchen gut gefüllt. Es spiegelte mir meinen Einsatz und meine Tatkraft als Projektleiter, als Führungskraft.

Viel mehr tat sich allerdings nicht. Obwohl meine Ausarbeitungen fachlich sauber waren, kamen die angeforderten Leistungen aus den verschiedenen Fachabteilungen nur schleppend. Zuerst versuchte ich, mir dadurch Respekt zu verschaffen, indem ich den Druck erhöhte, auf den Projektplan hinwies und auch schon mal einen Durchschlag an die direkten Vorgesetzen meiner Projektmitarbeiter schickte. Jetzt bekam ich zwar Antworten, allerdings weniger fachlich-konstruktive als vielmehr abwertende zu meiner Arbeit und meiner Person.

Mein Chef grinste: „Anweisungen schreiben kann jeder Dumme. Dafür zu sorgen, dass danach gearbeitet wird, braucht schon ein wenig mehr." Ich verstand die Welt nicht mehr: Erstklassige Ausbildung, hoher Einsatz, Loyalität zum Unternehmen, und doch stieß ich nur auf Widerstand.

Dann geschah etwas, das meine Art zu arbeiten für immer veränderte. Ich begann zu ahnen, dass es wichtig sein könnte, die Menschen, die ich führen sollte, auch persönlich zu kennen. Ich entschied mich also, unseren Hauspostboten, der täglich meine unzähligen Arbeitsanweisungen an – bis dahin gesichtslose – Mitarbeiter im Unternehmen verteilte, für einen Tag zu begleiten. Dieser Hauspostbote war ein älterer Herr, der eine Gehbehinderung hatte. Ich fragte ihn, wie es ihm gehe – und erntete einen erstaunten Blick. Er konnte sich offensichtlich nicht vorstellen, dass ich die Frage ernst meinte. Zwei Stockwerke höher, beim ersten Eingangskorb auf meiner Verteilerliste, erkundigte sich der dort sitzende Kollege nach dem Bein meines Begleiters. Auf mich warf er einen abschätzigen Blick und fragte: „Hilft Dir der Azubi heute?". Ich spürte, dass ich wütend wurde. Als wir in die nächste Abteilung gingen, sagte der Hauspostbote zu mir: „Nehmen Sie es dem Kollegen nicht übel. Sein Sohn hat gerade die Schule geschmissen, und er ist daher ein wenig unwirsch zu erfolgreichen, jungen Leuten Ihres Alters." Ich war erleichtert und freute mich darüber, das Vertrauen dieses Mannes zu gewinnen.

Als er eine rauchen wollte, setzten wir uns gemeinsam in eine Besprechungsecke, und er erzählte. Er hatte im Unternehmen gelernt, war seit 35 Jahren dabei, dann kam der Schlaganfall und nach der Reha nun dieser Job als Bote. Er bemerkte meine Betroffenheit und sagte: „Mir geht es gut hier. Ich kenne fast alle Kollegen in diesem Unternehmen, sie achten mich, und ich kann meine Beziehungen zu ihnen weiter erhalten. Allerdings habe ich nicht mehr meine alte Position als Konstruktionsleiter."

An diesem Tag lernte ich alle meine Ansprechpartner, die ich vorher nur als Namenskürzel auf dem Verteiler gekannt hatte, persönlich kennen. Dank meines Begleiters, der mich überall wohlwollend vorstellte, übertrug sich ein wenig seiner Verbundenheit mit den Kollegen auf mich.

Von diesem Zeitpunkt an lief mein Projekt über fast zwei Jahre und wurde sowohl für das Unternehmen als auch für mich ein großer Erfolg.

Die *Magie des Erfolges* bestand hier im Begreifen: Gute Zusammenarbeit ist nur auf der Grundlage real erlebten gegenseitigen Interesses möglich. Dieses Interesse findet in der Frage „Wie geht es Dir?" einen realen, wahrnehmbaren Ausdruck.

1.3 Die Frage und die Liebe – Brücken aus der Einsamkeit

Aschenputtel und Muttersöhnchen

Sie hatten eine ekstatische erste Zeit, die attraktive Frau und der Hochschulprofessor.

Beate ist eine außerordentlich schöne Frau und eine erfolgreiche Rechtsanwältin. Dennoch quälen sie massive Selbstwertprobleme: Nicht nur, dass sie aus einem armen Elternhaus stammt. Sie schämt sich ihres, wie sie ihn bezeichnet, „prolligen" Vaters, der sich stets danebenbenimmt und die Mutter ausbeutet, die als Wirtin ein kleines Vermögen erschuftet hat, jedoch eine völlig ungebildete Frau ist und zudem an einer Hirnatrophie leidet, die ihrem Gesicht einen leeren Ausdruck verleiht. Angesichts dieser Herkunft stuft Beate sich selbst als „nicht-gesellschaftsfähig" ein, als unwürdig, in gesellschaftlich arrivierteren Kreisen zu verkehren. Als Aschenputtel.

Sven ist ihr Selbstheilungsversuch. Er ist ihr Partner – ein Hochschulprofessor mit gutbürgerlichem Hintergrund und Elternhaus. An seiner Seite hielt sich nie eine Frau länger als ein Jahr. Denn, kurz gesagt, Sven ist ein Muttersöhnchen: ein scheuer, verängstigter Mensch, der den Rockzipfel seiner Mutter nie wirklich loslassen konnte. Dem es nie möglich war – aufgrund fehlender eigener Identität –, Empathie für seine Partnerinnen zu empfinden. Die Frau an seiner Seite fühlt sich übersehen und ungeliebt. Und er fühlt sich durch ihre Forderungen, die er gänzlich nicht nachvollziehen kann, angegriffen und überfordert. Er ist extrem eifersüchtig, gequält von Verlustängsten. Gleichzeitig macht ihm echte Nähe große Angst. Er zieht sich dann aggressiv zurück.

Die beiden hatten eine ekstatische erste Zeit. Beate fühlte sich aufgewertet durch die Zuwendung des Professors, Sven konnte es nicht fassen, eine dermaßen attraktive Frau an seiner Seite zu haben. Darüber konnte aber nicht kommuniziert werden. Die Frage ‚Wie geht es Dir wirklich?' spielte keine Rolle, wohl aber die nie gegebene Antwort, die im Folgenden die Beziehung prägte. Da keiner verstand, was den anderen wirklich bewegte, wurde jeder Ausdruck innerer Nöte des anderen als Affront wahrgenommen. Immer öfter kam es zu Streits, die immer heftiger und verletzender verliefen. Er wehrte sich gegen die bildschöne, erfolgreiche Frau, den Star – und schlug das unter Minderwertigkeitsgefühlen leidende Mädchen. Sie attackierte den Professor aus gutbürgerlichem Haus – bis der kleine Sven nur noch verängstigt um sich schlug und sich völlig zurückzog. Fast hört man seine Mutter sagen: Siehst Du, ich habe Dich immer vor den bösen Frauen gewarnt.

Im Ergebnis: Beate fühlt sich, wie sie es ja erwartet, permanent entwertet in dieser Beziehung. Sven hingegen fühlt sich bedrängt und beängstigt durch Beates Versuche, ihn aus der Bindung zu seiner Mutter zu befreien; der Sinn dieser Freiheit ist ihm bis heute verborgen geblieben.

Normalerweise hätte sich dieses Paar resigniert getrennt, doch dann wurde Beate schwanger! Beide sind also über das Kind unabänderlich miteinander verbunden. Es bleibt beiden nur die Flucht, die nun letztendlich nie mehr vollständig gelingen kann, oder das Bemühen um Antworten auf die Frage: „Wie geht es mir?", „Wie geht es Dir?".

Zunächst versuchten Beate und Sven noch die indirekte Antwort: Sie projizierten ihre Befürchtungen und Wünsche in das Verhalten des anderen und dachten, dass sie ihn verstünden. Bei einem der letzten Treffen gingen sie miteinander ins Bett. Beate fand es erregend und dachte, seine Zuwendung sei Ausdruck von Liebe. Also versuchte sie am nächsten Tag ein Beziehungsgespräch, bei dem er sie eines Besseren belehrte, so dachte er wenigstens. Schließlich berührte Beate ihn doch. Für einen Moment konnte er die Nähe nicht abwehren. Es kamen ihm Tränen. Er sprang auf und schloss sich im Bad ein. Danach war er kalt wie vorher. Irgendwie spürte Beate in diesem Moment, dass Sven für eine reale Bindung zu ihr genauso wenig zur Verfügung stand wie als Vater für das gemeinsame Kind. Sven fühlte sich überfordert. Selbst emotional abhängig von seiner Mutter hatte er keinerlei Erfahrung damit, selbst eine gebende Rolle einzunehmen. Er fühlte sich jetzt genauso ausgebeutet wie von seiner vorigen Partnerin, sein zweites Kind bedeutete ihm ebenso wenig wie das erste.

Warum schildern wir diese *Geschichte einer verpassten Begegnung* so ausführlich? Sie hat viel mit unserem Thema zu tun. Sie beschreibt die ganz normale, existenzielle Einsamkeit, unter der so viele Menschen in unserer Zeit leiden. Gleichzeitig bietet sie einen ersten Einblick in die Lösung des Problems.

Ganz gleich, ob dieses Paar zusammenbleibt oder nicht, stellt die geschilderte Beziehungserfahrung beiden Partnern die Aufgabe, sich zu fragen: „Wie geht es mir? Wer bin ich eigentlich? Wie kann ich es endlich schaffen, meine innere Isolation zu überwinden? Was muss ich tun, um mutiger zu werden, damit ich wagen kann, mich dem anderen so mitzuteilen, dass er mich auch verstehen kann?" Ebenso wichtig ist der hinterfragende Blick auf das Gegenüber, also die Fragen: „Wie geht es Dir? Wer bist Du überhaupt? Bin ich endlich stark genug und bereit, Dich in Deinem Sosein zu begreifen und Dich in Deiner Schwäche zu ertragen?" Erst dann ist es möglich, die existenzielle Einsamkeit zu überwinden, gemeinsam zu echter Intimität, zu einem gemeinsamen Erleben zu gelangen, das mehr ist als das Ineinandergreifen individueller Muster der Bedürftigkeit zweier getrennter Individuen.

Um diesen Prozess des einander Begegnens auf einem tieferen existenziellen Niveau zu veranschaulichen, lass uns eine weitere Liebesgeschichte erzählen:

Die zweite Begegnung oder: Umweg zur Ekstase

Ihr Auszug aus dem Elternhaus war fulminant. Sandra nahm die Möbel ihres Kinderzimmers, lud sie in einen VW-Bus, transportierte sie auf ein Feld und verbrannte sie – endlich befreit aus der tödlichen Klammer des vereinnahmenden, konventionell elitären Elternhauses. Endlich ich selbst! Sie begegnete ihm, Lars, einem Shiva-Mann: wild, schön, ungehemmt, ekstatisch. Die Beziehung war die Verheißung der ultimativen Erfüllung. Die beiden liebten sich, berührten einander in den tiefsten Schichten, und gerade weil sie ihn so großartig fand, bekämpfte sie ihn mit der ganzen Wucht ihrer weiblichen Kraft. Denn hätte eine dauerhafte, ernste Beziehung mit ihm nicht bedeutet, die Autonomie, die sie gerade so mühsam den Eltern entrissen hatte, erneut zu verlieren? Sie sperrte sich dagegen und ihr Sieg bestand darin, ihn zu vertreiben. „Ich habe mich gerettet, kein Mann soll je wieder meine Identität bedrohen."

Sandra brach erneut auf und lernte ihren 15 Jahre älteren, seriösen, kultivierten Ehemann kennen, mit dem sie zwei Kinder bekam und an dessen Seite sie unbemerkt in die elterliche Konventionalität zurückfiel. Dieser Mann bedrohte sie nicht wie ihr früherer Geliebter, stattdessen war sie nun bedroht von Langeweile und fehlender Erfüllung. In einem neuerlichen explosiven Akt befreite sie sich schließlich aus dieser Beziehung und wagte, jene innere Leere und Einsamkeit zu ertragen, über die sie ihre Ehe nicht hatte hinwegtrösten können. Dann geschah das Wunder: Nach Jahren, in denen sie sich nicht gesehen hatten, lief ihr der wilde Mann von früher über den Weg. Die Wiederbegegnung der beiden glich einem Naturereignis. Ob sie denn jetzt bereit sei, in der Beziehung zu sterben, fragte ich sie später. Das Leben hatte sie gelehrt zu begreifen, wovon die Rede war, und sie nickte unter Tränen. Damals war sie noch fast ein Kind gewesen, von der Intensität und Nähe der Begegnung überfordert. Nun, als gereifte Frau, ist Sandra in der Lage, den Sprung zu wagen in den „Abgrund" einer wahren Begegnung.

Ekstase zu ertragen setzt ein gereiftes Ich voraus.

2. Rüstzeug: Zwei Navigationshilfen

„Autonomie ist derjenige Zustand der Integration, in dem ein Mensch in voller Übereinstimmung mit seinen eigenen Gefühlen und Bedürfnissen ist.“[2]

Auf unserer persönlichen Reise waren uns einige Orientierungshilfen immer wieder nützlich – die wir Dir nun mit auf den Weg geben.

Der erste „Kompass“ hat mit Deiner Vorstellung von *Autonomie* zu tun. Er ist sehr hilfreich, um zwischen Deinem wahren Selbst und Täuschungen über Dich selbst zu unterscheiden. In gewisser Weise hilft Dir dieser Kompass dabei, Deine wahren Gefühle und Deine eigenen Gedanken deutlicher zu erkennen. So kannst Du auch Dein Gegenüber achtsamer wahrnehmen und tiefer in Beziehung treten.

Der zweite „Kompass“ ist das *Präsenzdreieck*. Es hilft Dir zu spüren, ob Du im Hier und Jetzt präsent bist, oder ob Dein Narzissmus, Deine Sexualität oder Deine Aggression Deinen Blick – auf Dich selbst und Dein Gegenüber – verzerren.

2.1 Autonomie oder: „Worum geht es mir?“

In seinem Buch „Der Verrat am Selbst“ beschreibt *Arno Gruen* [24] zwei Arten von Autonomie, die zu unterscheiden für unser Thema sehr nützlich ist:

Primäre Autonomie

Beim Eintritt in das Leben ist der Mensch mit einem wachstumsfähigen seelischen Potential ausgestattet. Er trägt die Möglichkeit in

2 Gruen [24], S. 17.

sich, innerlich mit seinen Gedanken und Gefühlen verbunden zu sein. Um zu einer integrierten Person zu wachsen, ist es notwendig, dass seine Mitwelt in bestimmter Weise mit ihm in Kontakt tritt. Er beeinflusst sie aktiv, um sie zu jenen Reizen zu bewegen, die ihm die Gefühle ermöglichen, nach denen er sich sehnt, um zu wachsen. In einer achtsamen und liebenden Umgebung werden sich die Eltern auf diesen Prozess einschwingen und dem Kind so ermöglichen, seine primäre Autonomie, die seiner wahren Natur – mit der er geboren wurde – entspricht, zu entwickeln.

Sekundäre Autonomie

Arno Gruen schildert sehr deutlich, dass dieser Idealfall der primären Autorität oft nicht eintritt. Stattdessen begegnet die Mitwelt dem Kind mit mangelnder Einfühlsamkeit und schreibt seine Entwicklung unter Ausübung von Macht vor. Das Kind erlebt in dieser Situation tiefe Gefühle der Hilflosigkeit, die von den Erwachsenen mit jener Verachtung beantwortet werden, welche die Erwachsenen ihrer eigenen Hilflosigkeit und Schwäche gegenüber empfinden.

Viele Kinder geraten in dieser Situation der Hilflosigkeit und fehlenden Empathie so sehr unter Druck, dass sie den *Bezug zu ihrer eigenen natürlichen Autonomie verlieren* und *lernen, sich für ihre eigene Schwäche und Hilflosigkeit zu verachten und zu hassen.* Sie überwinden ihre eigene Not, indem sie sich mit ihren Peinigern – Erwachsene, Umwelt, Kultur – identifizieren, deren Ansprüche übernehmen und im Gegenzug die Machtmittel für sich beanspruchen, die einst dazu dienten, sie zu knechten. Das Kernziel der Begegnung wandelt sich von der tiefen Sehnsucht nach Liebe zur Ausübung von Macht und Einfluss. Ironischerweise erlebt sich das Ich im Augenblick der Machtausübung als autonomes Ich. Der Betroffene hat vergessen, dass *unter diesem pseudo-autonomen Selbst sein wahres, liebendes, primäres, autonomes Ich* verschüttet ist.

Aus dem Unternehmensalltag kennen wir die verschiedensten Ausformungen dieser Strategien: Von den Mitarbeitern, die ihr

Gefühl von mangelnder Autonomie gegenüber dem Betrieb dadurch bewältigen, dass sie zu ihrem Unternehmen in eine kämpferische Beziehung treten. Dafür stehen ihnen, wie der Blick in die betriebliche Praxis zeigt, vorwiegend zwei Strategien zur Verfügung:

Die eine Gruppe versucht, durch *Flucht- und Ausweichmechanismen* Autonomie zu erlangen: „Ich will keine Führungsverantwortung. Ich will nicht zum Meister „degradiert" werden. Ich will nur ein Rädchen im Getriebe sein. Das Unternehmen soll mich nicht verschlingen, Arbeit ist für mich nur Broterwerb." Eine extreme Äußerung besteht darin, dass Mitarbeiter davon sprechen, am Morgen ihre demokratischen Grundrechte an der Pforte abzugeben und abends wieder mit nach Hause zu nehmen. Hier findet eine „strategische" Unterwerfung statt. So schaffen es manche über lange Zeit, die phantasierte Demütigung durch den endgültigen Sieg des Unternehmens über ihre Autonomie zu vermeiden

Die zweite Gruppe versucht, sich durch *Identifikation* mit den Mächtigen zu retten. Sie strebt die Macht an und versucht, Freiheit zu erfahren, indem sie andere so unterdrückt, wie es ihnen einst selbst widerfuhr: „Endlich bin ich nicht mehr der Nagel, sondern der Hammer."

All diesen Prozessen ist gemeinsam: Die Betroffenen verwechseln ihr wahres Selbst mit jenem Pseudo-Selbst, das sie im Laufe ihrer traumatischen Biografie entwickelt haben. Sie werden damit, wie Arno Gruen es ausdrückt, an sich selbst zum Verräter. Die erste Gruppe versäumt den Glückszustand eines freudigen Tuns, mit dem man sich identifiziert. Die andere Gruppe bleibt mit dem Trostpreis ihrer Macht in der einsamen, kalten Welt ihrer Pseudoautonomie stecken. Führungsarbeit, die so verstanden wird, bedeutet Einsamkeit.

Wechseln wir die Perspektive, schauen wir mit den Augen eines Kindes: Denk an ein kleines Mädchen, das fasziniert zu seinem Vater aufsieht und damit seinem kindlichen Bedürfnis nach Bewunderung und Bestätigung folgt. Es könnte sich bei Nichtbeachtung oder Zurückweisung mit seinem unstillbaren Hunger nach Bestätigung konfrontiert sehen und merken, dass in der väterlichen Welt kein Platz für seine eigenen kindlichen Bedürfnisse nach Liebe, Geborgenheit und Unterstützung und nach kompetenten Erwachsenen existiert. Es fühlt sich verlassen und hilflos, gibt seine kindliche Identität auf und damit seine primäre Autonomie. Das Mädchen wechselt dann in die inadäquate Position eines mütterlichen Kindes, das seinen Daseinszweck in der Befriedigung infantiler väterlicher Ansprüche sieht. So hat es zwar die *Macht*, ist scheinbar autonom, doch *sein wahres Selbst steht ihm nicht mehr zur Verfügung*, und es kann dann auch niemandem mehr wahrhaftig begegnen. Die Konsequenz ist ein Leben in existenzieller Einsamkeit. – Dieses einsame kleine Mädchen ist keineswegs ein Artefakt aus dem Lehrbuch für Psychopathologie; es begegnet uns täglich:

Ich heile Dich, damit Du mich lieben kannst!

Einst war Simone ein mit hoher Empathie begabtes kleines Mädchen, und dieses kleine Mädchen spürte nicht nur die Verachtung ihrer Mutter für den Vater. Sie spürte auch die Gefühle, die ihre Mutter mit dieser Verachtung indirekt auslebte: den Hass der Mutter auf sich selbst, auf die Frauen und damit auf die Tochter. In dieser Welt der weiblichen Minderwertigkeit glaubte das kleine Mädchen, die Erlösung könne nur vom Vater kommen. Diesen müsse es durch seine Liebe heilen, um endlich Geborgenheit zu erfahren.

Sie wandte sich ihrem Vater zu, versuchte, ihm gleich zu werden – versuchte, ihn durch Anlehnung zu heilen, in der Hoffnung, ihn dadurch so zu stärken, dass er sich ihr schließlich zuwenden und ihr durch seine Liebe ermöglichen könnte, sich doch noch mit ihrem Frausein zu versöhnen. Wen wundert es, dass Simones Rettungsversuche – den Vater und somit sich selbst zu retten – fehlschlugen?

Das kleine Mädchen wuchs heran zu einer attraktiven und beruflich erfolgreichen Frau. Doch weder der berufliche Erfolg – ein na-

turwissenschaftliches Studium, Karriere in der Welt der Technik, der männlichen Vater-Welt – noch ihre Schönheit brachten ihr Erlösung. Sie blieb einsam, innerlich leer, unerfüllt. Ihre erhebliche Attraktivität als Frau war dabei „Fluch und Segen": einerseits stets ein Verführungs- und Machtpotenzial – andererseits indes auch eine Bedrohung, lauerte hier doch stets die Gefahr, aus der männlichen Pseudo-Identität der Vater-Welt in die Hölle der weiblichen Minderwertigkeit zurückzufallen.

Simone resignierte: Sie heiratete einen harmlosen Mann, um ihn dann heimlich zu verachten, wie ihre Mutter den Vater verachtet hatte, bekam mit ihm drei Kinder und naschte verstohlen an ihrer männlichen Pseudo-Identität, indem sie in ihrem „männlichen" Beruf halbherzig arbeitete.

Wie es für alles Vermiedene charakteristisch ist, begegnete sie in ihrem beruflichen Umfeld der Chance, den Kampf um den Vater doch noch zu gewinnen. Die Konfrontation mit einem Mann, machtvoll und im Herzen ein bedürftiges und ausgebeutetes Kind, sog alle Lebensenergie aus ihrem Alltag – und entzog der Beziehung zu ihrem Mann das letzte bisschen Farbe.

Simones Wandlung begann mit dem Aufgeben: Als Simone erkannte, dass durch die Beziehung zu diesem Traummann keine wirkliche Lösung ihrer Nöte zu erwarten war, gelang es ihr, wie Alice Miller es sagt, den Kampf aufzugeben, den sie als Kind schon verloren hatte. Es begann eine Phase wütender Trauer und Leere, gefolgt von ihrem – erfolgreichen – Weg zu sich selbst.

Die entscheidende Frage: „Worum geht es mir?"

Eigentlich streben wir im Kern alle nach Verwirklichung unserer wahren Natur im Einklang mit unserer Umgebung. Wir brauchen das Gefühl, unsere Welt beeinflussen zu können, und die Beachtung und die Liebe der anderen ist ein wesentlicher Teil unserer emotionalen Ernährung.

Je stärker wir den Bezug zu diesem primären So-Sein verloren haben, desto mehr orientieren wir uns schließlich an Zuschreibungen wie:

„Du sollst es mal besser haben als ich", sagen viele Eltern. „Du wirst es den Männern einmal zeigen", sagen viele Mütter zu ihren Töchtern und statten sie für ihre persönliche Rache an den Männern aus. „Du bist meine kleine Prinzessin" ist ein typisches Statement emotional bedürftiger Väter.

So geht unser wahres Selbst mehr und mehr verloren.

Für Deinen weiteren Weg der Selbsterfahrung kann es von hohem Wert sein, wenn Du Dir die Frage stellst, ob Du Dich gerade im Funktionszustand der *primären Autonomie* oder im Zustand der *Pseudoautonomie* befindest. Hilfreich ist stets die Frage an Dich selber: *„Geht es mir um die Macht oder geht es mir vor allem um Begegnung?"*

2.2 Präsenz oder: Im Auge des Zyklons

Im Folgenden werden wir Dir das Präsenz-Dreieck vorstellen, das ein wertvoller Kompass ist, wenn es darum geht, Dich im Rahmen einer Begegnung zu orientieren.

Eine Voraussetzung, die darüber entscheidet, ob Begegnung überhaupt möglich wird, ist die Präsenz. Präsenz verstehen wir als ein *Erleben* bei dem die drei wesentlichen sogenannten Trägerenergien einer Begegnung – *Narzissmus, Aggression und Sexualität* – im *Gleichgewicht* sind (vgl. Abb. 1). Jede Verschiebung zugunsten einer der drei Energien trübt die Unmittelbarkeit Deiner Begegnung mit Dir selbst und mit anderen. Wohlgemerkt: Es geht hier nicht um Resultate rationaler Erwägungen; es geht um *energetische Befindlichkeiten, um Kräfte*.

Lass uns die drei Trägerenergien – die nach unserer Auffassung auch die drei Träger spirituellen Wachstums sind – im Einzelnen betrachten.

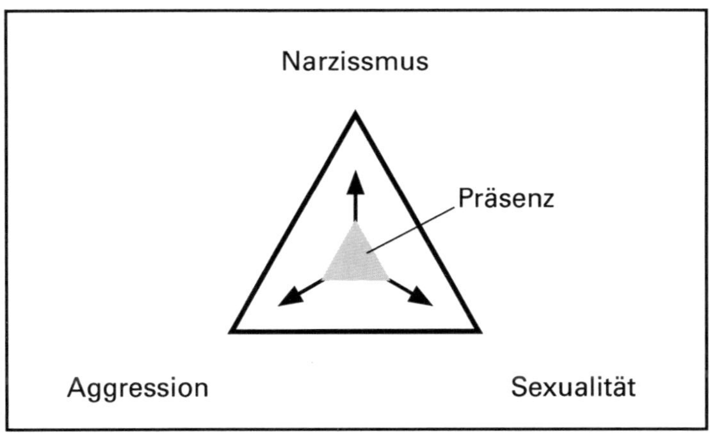

Abb. 1: Präsenz-Dreieck: Trägerenergien von Begegnungen [Krahé/Weigt]

Narzissmus: Die Ökologie von Selbstwert und Lebensfreude

Als erstes wollen wir über die Bedeutung der narzisstischen Energie sprechen. In Seminaren fällt immer wieder auf, dass diese wichtige Kraft vielen nur als negativ besetztes Schlagwort, als Schimpfwort bekannt ist: Narzissten sind die, die immer nur um sich selbst kreisen.

Auf der Reise zum Selbst und zum Du geht es nicht um solche Bewertungen. Narzisstische Energie soll hier als die Kraft verstanden werden, die in Begegnungen versucht, Deinen Selbstwert mindestens zu erhalten, im Idealfall zu verbessern. Die Freude an einem Kompliment gehört ebenso dazu wie die Fähigkeit, ein Kompliment anzunehmen ohne es verschämt zurückzuweisen. Denke an den staunenden Verehrer, der die Schönheit seiner Geliebten verherrlichend, von dieser die Antwort erhält, Schönheit sei vergänglich.

Das eigene Selbst wirklich bewusst wahrzunehmen, gehört zu den schwierigsten Aufgaben in jedem Leben. Dies betrifft die Schwächen und die Stärken gleichermaßen. Da gibt es den hochgebildeten Intellektuellen, der bis ans Lebensende nie sicher ist, ob er genügt, ebenso wie die fünfzigjährige Frau, die ein Bild von sich, auf dem sie dreißig war, anschaut und feststellt: Damals fand ich mich hässlich. Heute sehe ich, welch eine schöne, attraktive Frau ich war. Wenn ich das damals begriffen hätte, wie anders wäre mein Leben verlaufen!

Es geht also im tieferen Sinne um Selbst-Bewusstsein, im Sinne von *Selbst-Bewusstheit.* Diese wiederum ist die Grundlage des Selbstwertgefühls, das in einer Art Ökosystem reguliert wird. Dieses Ökosystem besteht aus dem Kräftespiel der narzisstischen Mechanismen. Alles findet zwischen den Polen von *Idealisierung und Entwertung* statt. Dabei kannst Du Dich selbst entwerten und schon idealisierst Du Dein Gegenüber oder Du idealisierst Dich selbst und verachtest Deinen Partner. Natürlich kann man sich auch gegenseitig runterziehen oder auch gegenseitig idealisieren.

Sheldon B. Kopp lehrt uns: *„Wenn du einen Helden hast, sieh noch mal hin: Du hast dich selbst irgendwie kleiner gemacht.“*[3] Dieser Lehrsatz bedarf folgender Ergänzung: *„Solltest Du jemanden treffen, der kleiner ist als Du, schau noch mal hin, wahrscheinlich hast Du Dich größer gemacht.“*

Je weniger unser Selbstwert im Gleichgewicht ist, desto stärker prägen diese Mechanismen unsere Begegnungen. Das bedeutet: Wir tauschen mehr und mehr Illusionen – positiver oder negativer Art – übereinander aus und verringern dadurch mehr und mehr die Chance, einander real zu sehen und damit einander wirklich begegnen zu können. Die Folge: Wir richten uns in *narzisstischen Arrangements* ein.

---

3 »Wahrheit Nr. 18« in Sheldon B. Kopps »eschatologischem Waschzettel«, [42], S. 193.

So wird auch verständlich, dass zu den häufigsten Gründen von Beziehungskrisen das Instabil-Werden eben jener Arrangements gehört. Hierfür gibt es zahllose Beispiele:

Denke an Paare, in denen beide Partner wenig Selbstwert haben – sich gegen die schreckliche Welt verbünden, indem sie sie verteufeln und sich gegenseitig alles Gute zuschreiben. Das funktioniert nur solange, wie es gelingt, sich von der Mitwelt abzukapseln. Sobald einer von beiden im Außen positive Erfahrungen macht, fühlt sich der andere verraten und verlassen.

Um das narzisstische Arrangement zu schützen, werden immer strengere Regeln aufgestellt, die allesamt der Aufrechterhaltung der Isolation dienen. Nichts darf nach außen dringen. Trau keinem, der nicht zur Familie gehört. Du darfst mit keinem über uns sprechen, nicht mit Freunden, nicht mit Kollegen und schon gar nicht mit einem Coach oder Psychotherapeuten.

Die Gefahr, die durch Isolation abgewehrt wird, ist die *Spiegelung durch die reale Welt.* Hierin liegt die fürchterliche Angst, dass die Welt mich so sieht, wie ich es befürchte. Gleichzeitig bietet sich hier aber die *Chance zur Befreiung.* Was wäre denn, wenn Du merkst, dass die Welt oder ein konkretes Gegenüber Dich so akzeptiert, wie Du wirklich bist. Wenn Deine gestylte Fassade zerbräche, Du Dich wirklich zeigen und dann feststellen würdest: Mein Partner, meine Freunde, Kollegen oder auch meine Firma stehen nicht nur zu mir, sondern sie sind erleichtert, dass ich endlich wirklich da bin.

Wenn die narzisstische Energie, ohne Idealisierung oder Verachtung mit sich zu bringen, einfach nur unser wahres Selbst berührt, dann *ernährt* sie unser verletzbares Selbst. Die existenzielle Botschaft lautet: Ich sehe Dich und wende mich Dir mit Respekt, Wertschätzung und Liebe zu. Wenn diese Kraft Dich erreicht, spürst Du tiefe Lebensfreude und Du kannst in diesen Situationen über Dich selbst hinauswachsen. Du bist begeistert von Dir selbst, ohne überheblich zu sein. Diese Begeisterung wird dann zur Ressource für kommende Begegnungen.

Da ist das junge Mädchen, das um seine Schönheit und Attraktivität wissend, in der nächsten Begegnung genau jene Spiegelung durch ihr Gegenüber wieder erwartet, die diese Freude aufrecht erhält. Sie gleicht damit der Katze, die sich mitten im Sonnenfleck auf dem Sofa positioniert.

Hier wird noch einmal deutlich spürbar: Es geht um eine *energetische Ressource* – nicht um das Resultat rationaler Erwägungen!

Aggression: Fressen und Gefressen werden

Während die narzisstische Energie der Aufrechterhaltung des eigenen Selbstwertes dient, ist die Aggression die Energie für die *Hinwendung zur Welt* und für die lustvolle Vereinnahmung dessen, was außerhalb meines Selbst liegt.

Ähnlich wie der Narzissmus wird die aggressive Seite unserer Seele als böse und zerstörerisch dämonisiert. In Bezug auf Gewalt und Kriege ist das natürlich berechtigt. Doch wesentlich ist: Aggression ist nicht nur zerstörerisch, sondern auch konstruktiv. Ohne ein ausreichendes Maß an Aggression ist keine wirkliche Auseinandersetzung mit der Mitwelt möglich. Schon *Konrad Lorenz* [48] versucht in den sechziger Jahren, die lebenserhaltenden Anteile der Aggression in seinem Buch „Das sogenannte Böse" zu beschreiben. *Melanie Klein* [36] geht soweit, den Kannibalismus als unumgängliche Entwicklungsphase des Säuglings zu behaupten. Sie geht davon aus, der Säugling wolle die Mutter töten, indem er die Mutter frisst und so zur Gänze vereinnahmt. Analoges finden wir bei *Fritz Pearls* [58], der in seinem Buch „Ego, Hunger and Aggression" darstellt, wie wir alles von außen Kommende zerstören, zerbeißen und verdauen müssen – um es so aufzubereiten, dass es Teil unseres eigenen Selbst werden kann.

Insofern gleicht das Schicksal der Aggression durchaus dem Schicksal des Narzissmus. Wenn sie einen konstruktiven Beitrag leisten soll, ist es nötig, dass sie – vor allem zwischen den beiden

Polen völliger Aggressionslosigkeit einerseits und totaler Destruktivität andererseits – einreguliert ist. Aggression in diesem Sinn wird verständlich und deutlich am *buddhistischen Ideal der Gewaltlosigkeit*: Dieses Ideal ist darauf angewiesen, mit der *aggressiven Kraft der Disziplin* angestrebt zu werden.

Im Geschäftsleben ebenso wie in Liebesbeziehungen spielt die Aggression eine fundamentale Rolle. Manchmal ist sie ganz versteckt, wenn der Geliebte sanft und gierig flüstert: „Ich könnte Dich fressen!"

Kein Unternehmen kann florieren, wenn seine Führungskräfte nicht in der Lage sind, im Dienste des Ganzen das Schwert zu führen. Und keine Liebesbeziehung kann auf Dauer überleben, wenn das Trennende im Dienste eines verlogenen Friedens unbenannt bleibt. Auch Erziehung kann ohne dosierte, maßvolle, aber klar strukturierende – und das bedeutet aggressive – Maßnahmen nicht auskommen.

Wohlgemerkt: Es geht hier *nicht* um blinde Wut als die destruktive – und gänzlich abzulehnende – Höllenenergie, mit der der Wüterich sein Opfer misshandelt. Wir alle sind uns einig, dass diese Raserei im Dienste des Friedens kontrolliert werden muss. Leider wird, bezogen auf die Wut, bisweilen das Kind mit dem Bade ausgeschüttet. Die Wut als Verbündete der Wandlung und damit als Grundlage der Liebe gerät in Lähmung. Uneingestandene Konflikte trüben den Blick, Beziehungen dümpeln in blanker Pseudoharmonie öde vor sich hin. Um es mit *Walter Kempler* zu sagen: „Harmonie ist die seltene Belohnung für ausreichend aggressiv ausgetragene Konflikte."[4]

4 *Walter Kempler* [35] in einem persönlichen Gespräch mit Wolfgang Krahé.

Die Wut als Verbündete der Liebe

Verzweifelt und voller Traurigkeit kam Maria in die Praxis. Von ihrer Lieblingsschwester um ihr Erbe betrogen, vom Adoptivsohn bestohlen. Gelernt hatte sie – als drittes von neun Kindern eines strengen Schulmeisters – Gehorsam und Gefügigkeit. Eingebläut hatte ihr Vater ihr – neben unzähligen anderen moralischen Normen – die Norm des Aggressionsverbots: Maria hatte zu gehorchen, vor allem ihm und natürlich Gott. Es war ihre Pflicht, ihre eigenen Bedürfnisse grundsätzlich denen der anderen unterzuordnen und Aggression in demütiger, verstehender und umfassender Liebe hinzunehmen.

Sie brauchte Jahre, um ihre Aggressionshemmung zu bewältigen. Das Erbe war längst verloren und die Beziehung zu ihrer Schwester zerrüttet. Ihr Adoptivsohn betrog sie schon seit Jahren, bestahl sie, bedrängte sie um Zuwendungen für sein vorgebliches Studium – ohne auch nur ein einziges Mal die Universität betreten zu haben. Wollte sie ihn zur Rede stellen, beschimpfte er sie. Sie nahm es hin; war zwar verletzt, ließ es aber geschehen. Zum einen dachte sie: „Wenn ich verletzt werde, werde ich es wohl verdient haben, wahrscheinlich gab ich zu wenig für dieses Kind." Zum anderen führte sie sein Verhalten darauf zurück, dass er im Kern verletzt und ein armer, verirrter Mensch sei.

Dann endlich war es soweit. Maria wagte zum ersten Mal in ihrem Leben zu spüren, dass sie verletzt wurde, dass ihr Unrecht widerfuhr, dass ihr das Recht zustand, als Mensch mit Respekt und Anstand behandelt zu werden. Aus dieser neu gewonnenen Kraft heraus richtete sie ihren Zorn auf den betrügerischen Sohn. Und zum ersten Mal seit Jahren ließ er sie nicht einfach stehen. Er stutzte – und in diesem Moment änderte sich etwas zwischen ihnen …

Wut kann die Kraft sein, die meine Existenz für meinen Partner erlebbar macht. Ohne diese Energie kann es sein, dass er sich wie in einer Gummizelle fühlt – ohne Gegenüber, in einem Universum der Beziehungslosigkeit.

Die drei Schlüssel: Bewegung, Atmung, Töne

Manchmal ist es gar nicht so einfach, einen emotionalen Bezug zu Deiner Wut herzustellen. Es gibt eine Fülle von Übungen, die es Dir erleichtern, aufgestaute Wut abzureagieren. Für die Wut als körperliche Energie gelten die gleichen drei Schlüssel, die *Margo Anand* [1] für die Sexualität benannt hat: Bewegung, Atmung und Töne.

Die *Bewegung* der Wut ist das Schlagen, die *Atmung* ist tief, der *Ton* der Wut ist der Schrei. Wenn Du mal im Wald bist, dann such Dir einen kräftigen Knüppel und pack ihn mit beiden Händen wie einen Vorschlaghammer oder wie ein kräftiges Schwert, lass Dich tief atmen und spüre, wie Deine Finger den Stock fest umschließen und wie sich in Deinen Armen eine kraftvolle Spannung aufbaut. Führe den Knüppel nach oben bis hinter Deinen Kopf, damit sich ordentlich Spannung in Deiner Rückenmuskulatur aufbaut. Wenn Du soweit bist – und erst dann –, lass den Knüppel mit einem lauten Schrei auf einen alten Baumstumpf oder sonst etwas Geeignetes herunter sausen. Mach dies, so oft Dir danach ist, und nimm Dir Zeit nachzuspüren, wie es Dir damit geht.

Sei Dir stets bewusst: Es ist *Deine* Wut. Es ist *Dein* Stau, wenn Du nicht damit umgehen kannst. Und es ist Dein natürliches Recht, diesen Stau zu lösen, im Rahmen der Grenzen der anderen.

Unbewältigte Wut ist einer der Hauptgründe unzähliger Neurosen, und auch unzähliger Beziehungsprobleme.

Völlig gehemmte Aggression macht Begegnung unmöglich, weil die Sehnsucht danach von der Angst vor Zurückweisung überwältigt wird und Lähmung entsteht. Ungebremste Aggression hingegen ist der Motor des Übergriffs bis hin zur seelischen und körperlichen Vergewaltigung. Für den richtigen Umgang mit Wut und Aggression gibt es ebenso wenig Patentrezepte, wie für den richtigen Umgang mit Sexualität. Völlige Unterdrückung führt zu genauso schweren Schäden wie völliges Ausleben.

Thich Nhat Hanh [77] hat recht, wenn er behauptet, dass Aggressionsübungen oft zu neuen schlechten Gewohnheiten im Umgang mit Wut führen, da neuer Raum für Wut geschaffen wird. Er schlägt vor, der Wut mit der Energie der Achtsamkeit zu begegnen, sie liebevoll zu umarmen und so aufzulösen. Ein sehr guter Rat für Menschen, die dazu neigen, von Wut überschwemmt zu werden und lernen möchten, ihre Wut zu kontrollieren.

Der gleiche Rat ist verheerend für diejenigen, die ihre Wut so intensiv umarmen, dass sie sich und ihre Wut dabei erwürgen. Zu viel Wut ist Leitsymptom der Borderline-Erkrankung, die Abwesenheit von äußerer Wut ist Leitsymptom der Depression.

Unsere Erfahrung lehrt uns, dass die beste Lösung im achtsamen Umgang mit der Aggression liegt. Manchmal ist es, im Sinne von Tich Nhat Hanh, besser die Wut zu umarmen, um den Frieden für eine Begegnung zu erhalten. Wie aber hätte Herkules ohne ein hohes Maß an verfügbarer Aggression es bewerkstelligen sollen, die Schweineställe des Augias zu reinigen. Gewiss nicht indem er den Mist umarmt hätte und dem Gestank mit der Energie der Achtsamkeit begegnet wäre. Hier half nur das kraftvolle Wasser der Bewusstheit.

Aus diesen Gründen halten wir bei den meisten Menschen die Übung der Aggression, so wie sie oben beschrieben wird, für hilfreich, um innere Blockaden zu lösen. Achtsam angewendet führen diese Übungen so gut wie nie zu den von Tich Nhat Hanh erwähnten schlechten Gewohnheiten. Nicht die Wut bekommt neuen Raum, sondern die authentische Seele.

Wir stimmen mit *Ken Wilber* [84] darin überein, dass es weder möglich noch wünschenswert ist, wesentliche Aspekte der menschlichen Seele, insbesondere die Schattenanteile, wegzumeditieren.

Gelungene Begegnung hängt davon ab, dass ein ausreichendes Maß an Annäherungswunsch – *adgredi* – mit einem ausreichenden Maß eigener Bedürftigkeit – *Gier* – verbunden ist. Dann kommt es bisweilen zu *Sternstunden*, in denen die Neugier, die als Variante der

Gier zu den abgewehrten Seiten der Aggression gehört, stärker ist als die Scham und die mit ihr verbundene Angst vor Zurückweisung.

Sexualität

Die dritte Trägerenergie ist die Sexualität. An dieser Stelle ist eine Klarstellung wichtig. Sexualität wird hier nicht ausschließlich im Sinne der rein körperlichen, sexuellen Begegnung der Geschlechter verstanden. Vielmehr soll Sexualität die allgemeine *energetische Zuwendung zum Leben* bedeuten, im Sinne des Libidobegriffs. In gewisser Weise kannst Du feststellen, dass Deine Geschlechtlichkeit in allen Lebensbereichen eine Rolle spielt, in denen Du Dich einer Sache lustvoll zuwendest. Dies gilt für sämtliche Dimensionen des Lebens, sämtliche Aktivitäten, Lebensphasen und Prozesse. An dieser Stelle sei beispielsweise erwähnt, wie Recht *Dorothea Galuska* [20] hat, wenn sie darauf hinweist, dass eine inspirierte Organisation gut beraten ist, wenn sie die Sexualität als wesentliche Energie integriert. Und nicht umsonst finden Kinder Dinge, die Spaß machen, „echt geil“. Auch wenn der Künstler oder die Künstlerin gerade kein sexuelles Bild malen, so malen sie es doch als Frau bzw. als Mann. Und genau diese Dynamik entscheidet massiv darüber, welches Werk erschaffen wird und wie es aussieht. Besonders bei reifen Menschen ist dabei interessanter Weise festzustellen, dass im Mann, wenn er ganz er selbst wird, eine innere Frau spürbar ist, und er so die weibliche Seite der Sexualität in sich öffnet, während in der Frau analog dazu ein innerer Mann den männlichen Aspekt der Sexualität erschließt.

In gewisser Weise könnte man sagen: Durch den Narzissmus wird das Selbstbild im Inneren erst *erschaffen*, analog zur Schöpfungsidee des Brahmanischen; die Aggression *bewahrt* das Selbst von der Vereinnahmung durch die Außenwelt; in der Sexualität wird das Selbst schließlich in Anlehnung an ein äußeres anderes

Wesen relativiert, letztendlich *aufgelöst* zur Erschaffung von etwas Drittem. So gesehen haben die drei Eckpunkte des Dreiecks große Übereinstimmung mit den drei indischen Gottheiten, Brahma der Erschaffende, Vishnu, der Bewahrende und Shiva, der Zerstörer und der Erneuerer.

Die Sexualität, die wie die anderen Energien auch bekanntermaßen einer heftigen Dämonisierung unterliegt, hat wie der Narzissmus und die Aggression unterstützende und zerstörerische Anteile. Sicher ist die Sexualität eine jener Kräfte, die uns am stärksten in unserem Leben verankern. Wenn man dieses Leben als den Ort ewigen Leidens verleumdet, wird die Neigung der Religionen verständlich, ihren Gläubigen zu erklären, dass in der Unterdrückung der Sexualität eine wesentliche Chance zur Erlösung liegt. Und andererseits ist die Abwesenheit von sexuellem Interesse eines der Leitsymptome der Depression.

Eine der Schattenseiten der Sexualität besteht in dem Versuch, in der symbiotischen Vereinigung mit einem anderen die Manifestation des eigenen Lebens regressiv zu vermeiden. Ihr eigentlicher Sinn besteht darin, eine Begegnung mit dem anderen zu ermöglichen, in der die eignen Ich-Grenzen überwunden werden und eine höhere Schwingung erreicht wird.

Übung: Der innere Mann, die innere Frau[5]

Vielleicht hast Du Dich noch nie mit Deinem inneren Mann bzw. Deiner inneren Frau beschäftigt und bist ihm/ihr daher noch nie begegnet. Vielleicht hast Du in anderen Kontexten schon Gelegenheit gehabt, diese Seite in Dir wahrzunehmen, vielleicht hat sie schon einen Namen und Du bist gewöhnt, von seiner/ihrer Weisheit in schwierigen Lebenslagen zu profitieren. Wie auch immer, die folgende Übung soll

5 Es gibt eine Fülle ähnlicher Imaginationsübungen, die jeweils weitere Aspekte einbeziehen. Gute Anregungen findest Du bei Margo Anand [1]

Dir die Möglichkeit geben, jetzt ganz konkret Deinem inneren Mann bzw. Deiner inneren Frau zu begegnen.

Such Dir einen bequemen Platz, wo es warm und gemütlich ist. Es ist ganz egal, ob Du liegst oder sitzt. Wichtig ist, dass Du ungestört bist. Wenn Du magst, schließ Deine Augen. Lass Dich spüren, wie Du leicht und frei atmest. Und stell Dir vor, wie Du an einem schönen warmen Tag bei strahlender Sonne über eine Blumenwiese gehst. Lass Dich spüren, wie Deine Füße weich auftreten, wie die Sonne Dich streichelt und lausche den Geräuschen der Natur. Vielleicht kommst Du gerade auf dem Weg zu einem Bach mit klarem Wasser. Wenn Du magst, trink einen Schluck und geh weiter in Richtung zur Quelle. Dein Weg führt vielleicht ein wenig bergauf. Du bist jetzt im Wald, gehst ein Stück durch den sonnenbeschienenen Mischwald, vielleicht merkst Du schon eine leichte Aufregung, die wie Vorfreude in Dir aufsteigt, während Du Dich der Lichtung näherst, die umgeben ist von hohen, ehrwürdigen Bäumen. Schon während Du auf die Lichtung trittst, siehst Du, wie jemand gegenüber auf Dich zukommt und Du weißt: Dies ist mein innerer Mann – oder: Dies ist meine innere Frau. Ihr geht aufeinander zu und begrüßt Euch auf Eure Art. Lass Dich aus ganzem Herzen spüren, wie faszinierend das ist, schau ihn bzw. sie genau an, lass Dich fühlen, dieses sind zwei Aspekte von einem ganzen Menschen. Sei sicher, dass Du da eine große Weisheit in Deinem inneren Mann oder Deiner inneren Frau wohnt, und Du hast jetzt die Gelegenheit, ihr bzw. ihm eine Frage zu stellen. Nimm Dir Zeit, der Antwort zu lauschen und dann verbeuge Dich in tiefer Ehrfurcht vor Deinem inneren Mann, Deiner inneren Frau. Verabschiede Dich und tritt den Rückweg an. Geh wieder durch den Wald, später am Bach entlang, über die Wiese und komm wieder da an, von wo Du aufgebrochen bist. Hier ruh Dich aus.

Das Präsenz-Dreieck

Narzisstische Energie, Aggression und Sexualität könnte man verstehen als die *Grundfarben*, deren *Mischungsverhältnis* das Ausmaß der Präsenz definiert. Präsenz sei hier verstanden als die Schärfe und die Intensität, mit der Du Deine ganz persönliche Welt in dem Augenblick der Begegnung wahrnimmst.

Wenn Du Dir Narzissmus, Aggression und Sexualität als Eckpunkte eines Dreiecks vorstellst und im Zentrum des Dreiecks einen Kern, an dem die drei Kräfte zerren, wird sinnfällig, wie viel konkrete Bedeutung unsere drei Trägerenergien haben.

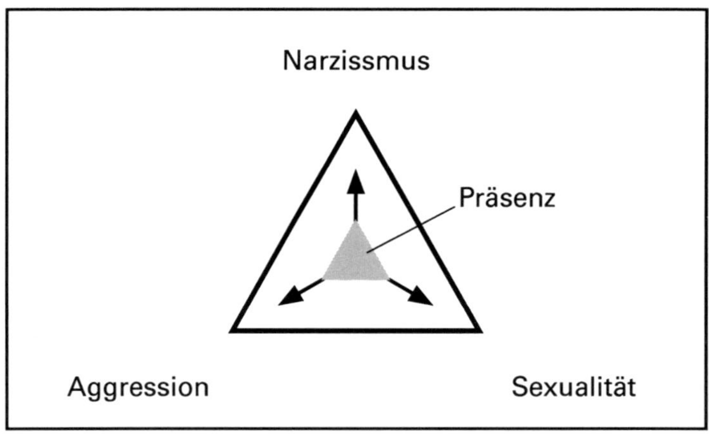

Abb. 2: Präsenz-Dreieck: Trägerenergien von Begegnungen [Krahé/Weigt]

Der Kern im Zentrum des Dreiecks verkörpert deutlich, was wir unter Präsenz verstehen. Inmitten der Trägerenergien definiert sich die Präsenz – als zwischen den Kräften austariertes In-der-Welt-Sein.

Nach dem, was wir oben über Brahma, Vishnu und Shiva geschrieben haben, könnte man – etwas pathetisch – formulieren: Die Präsenz ist der stille Kern im Zentrum des Zyklons der Schöpfung, eben jener Zustand, in dem die Stürme des Daseins Dir nichts anhaben können. Nicht umsonst sucht Meditation diese Stille in der – wie auch immer definierten – Mitte des eigenen Seins.

Hier wird sehr deutlich, dass Präsenz im Sinne von Gegenwärtigkeit im Jetzt immer dann den höchsten Bewusstseinsgrad erreicht, wenn die drei Kräfte im Gleichgewicht sind.

So verstandene Präsenz ist die Basis jeglicher Entwicklung tieferer menschlicher Beziehungen. Sie ist der Initialmoment des Bewusstseins, jener Punkt, an dem Du begreifst, dass Dein Gegenüber existiert, und Du beginnen kannst zu lernen, in einen direkten Austausch mit ihm zu treten.

Diesen Aspekt berührt *Peter Senge* [70], wenn er von Präsenz und lernender Organisation spricht, beschreibt *Jon Kabat-Zinn* [33] mit dem Begriff Achtsamkeit, erschließt *Daniel Goleman* [21] mit seinem Begriff der „Emotionalen Intelligenz" für den Bereich des professionellen Miteinanders. All diese Ansätze dienen dem Zweck, eine intensive, respektvolle Beziehung zum *eigenen Kern* aufzubauen. Diese wiederum gibt uns die Kraft, den Blick nach außen zu wagen und unserem Partner mit wertschätzender Empathie zu begegnen. Unser Gegenüber erlebt dies oft als ein *Gesehen-Werden* in einer intensiven Weise. So erlösen wir einander aus der existenziellen Isolation.

Ein erfolgreicher Unternehmensleiter ebenso wie ein erfolgreicher Verkäufer zeichnen sich durch die gleiche Fähigkeit aus: Sie sind in der Lage, ihre Mitarbeiter oder Kunden zu *sehen*. Letztlich beschreibt zum Beispiel die „Spin Selling Methode" von *Neil Rackham* [60] nichts anderes als die Fähigkeit exzellenter Verkäufer, mit ihren Kunden eine Beziehung aufzubauen, die geprägt ist von gegenseitigem Respekt, gegenseitiger Wertschätzung und tiefer Achtsamkeit. Nur so kann – in unzähligen Varianten, im Kern aber immer gleich – eine nachhaltige Kunden- oder Mitarbeiterbindung erschaffen werden. Diese Bindung hat nichts mit manipulativer Übergriffigkeit zu tun.

TEIL II

AUFBRUCH: WIE GEHT ES UNS?

3. „Wie geht es Dir?" – Der Umgang mit der Frage

„Aber wer wird mich lieben,
wenn keiner mich kennt?"[6]

Lass uns nun zu unserer gemeinsamen Reise zum Ich und zum Du aufbrechen – und mit einer Bestandsaufnahme einsteigen: Wie gehen wir mit der Frage „Wie geht es Dir ?" um?

3.1 Tabus

Wir beginnen unsere Reise mit der Betrachtung von Mechanismen, die häufig dazu dienen, die Erinnerung an unsere wahre Natur oder das, was *Arno Gruen* [24] unter primärer Autonomie versteht, zu verhindern. Zu diesen Mechanismen zählen die Tabus.

Wie eingangs bereits geschildert: Unsere Frage „Wie geht es Dir?" führt unterhalb der Bewusstseinsschwelle als eine Art unspezifische Brücke zum Gegenüber meist ein unbeachtetes Dasein. Eindrucksvoll ist der umfassende gesellschaftliche Konsens darüber, dass dies so gehandhabt werden soll. Abweichungen werden als Störung erlebt, bereiten oft Angst oder Ärger und werden also vermieden oder bestraft.

6 Sheldon B. Kopp [42], S. 27.

Trau Dich über die Schwelle

Gern denke ich an einen Performance-Künstler zurück, den ich in einer Straßenbahn bewundern konnte. Aus heiterem Himmel begann er, die schweigende Gemeinde der Fahrgäste „aufzumischen". Er sprach sie an, laut und klar. Er fragte sie, wie sie sich fühlten. Wie sie sich in der Bahn fühlten und weshalb sie keinen Kontakt zu ihren Banknachbarn aufnähmen. Er war provozierend, und er hakte unerbittlich nach: Was dachten sie über die anderen? Was, glaubten sie, dachten die anderen über sie? Schließlich forderte er die Fahrgäste auf, sich so zu setzen, dass sie alle anderen sehen und somit besser mit ihnen kommunizieren konnten.

Es lässt sich leicht vorstellen, wie befremdet, teils auch ärgerlich die Fahrgäste auf diese massive Serie von Übergriffen reagierten. Dennoch, der Performance-Künstler blieb in Kontakt, und er war gut: nahm jeden Widerstand freundlich auf. Langsam entspannten sich die Fahrgäste, und es entstand eine Atmosphäre der Nähe. Die Schwelle, die gerade noch nahezu unüberwindbar gewirkt hatte, war wesentlich niedriger als gedacht.

Dies ist eine Erfahrung, die wir auf eigenen Wegen der Selbsterfahrung und bei zahllosen Menschen, die wir begleiten durften, immer wieder machten: Tabus sind, soweit sie nicht wirklich existenziell sind – wie zum Beispiel das Tötungstabu –, Scheinriesen. Je näher man ihnen kommt, insbesondere, wenn man sie mit Bedacht bricht, desto mehr entpuppen sie sich als Zwerge, und hinterher versteht keiner mehr die Bedeutung, die ihnen vorher zugemessen wurde.

Jedes Tabu braucht mindestens einen, der es hütet. Oft ist es ein Familienmitglied, das uns früh und entschieden vermittelt, was wir dürfen und was nicht. Das geht so sehr in Fleisch und Blut über, dass wir irgendwann denken, uns selbst nütze das Tabu, und wir kämpfen für seine Einhaltung. Das geschieht sowohl nach innen als auch nach außen.

Nach außen verborgen – nach innen vergessen

Bisweilen beherrschen wir es – dank eines Tabus – meisterhaft, uns *nach außen zu verbergen*, so dass wir beginnen, uns *nach innen zu vergessen*. Blicken wir dann nach innen, finden wir nur Leere, wir haben den Kontakt zu unserer wahren Natur weitgehend verloren. Dann sind wir *verloren im falschen Selbst*.

Es ist tragisch, wenn ein Mensch, mit außergewöhnlichen Gaben ausgestattet, diese verpasst, weil ihm der Zugang nach innen durch Tabus verboten und damit versperrt ist, d.h. wenn er seine Gaben – seine Intelligenz, seine Gestaltungskraft, seine Liebenswürdigkeit – nicht in sein Selbstbild integrieren kann und verleugnen muss. Für einen solchen Menschen ist die Frage „Wie geht es Dir?" oft nur sehr schwer zu beantworten. Sein Blick nach Innen ist größtenteils versperrt. Die Antwort auf die Frage liegt nicht im Bereich seiner bewussten Möglichkeiten. Seine wahre Lebendigkeit ist verschüttet, vielfach unterdrückt, zum Beispiel mit Zwangssyndromen oder Süchten: vergraben unter einer Pseudoidentität. Die Momente, in denen ein solcher Mensch langsam erwacht und den Mut findet, den Zugang zu sich zu suchen, gehören zu den wesentlichsten und schönsten in unserer Arbeit.

Übung: Verloren im falschen Selbst

Veras Leben drohte zusammenzubrechen. Sie arbeitete 14 Stunden am Tag, 6 Tage die Woche und fühlte sich dennoch unzureichend. Männer spiegelten ihr, dass sie sie begehrten und doch zweifelte sie an ihrer Attraktivität, vor allem aber daran, dass sie es wert sein könnte geliebt zu werde.

Als sie das erste Mal zu einem Gespräch kam, zeigte sie sich nicht. Erst langsam beginnt sie in unseren Gesprächen zu spüren, wie sehr das mütterliche Tabu in ihr mächtig ist: niemals einem Mann gegenüber ihre wahren Gefühle erahnen zu lassen, geschweige denn, sie zu zeigen. Vera lernte so sehr, sich nach außen zu verbergen, dass sie sich nach in-

nen vergaß. Sie hatte den Kontakt zu ihrer wahren Natur weitgehend verloren.

Die Antwort auf die Frage „Wie geht es mir?" blieb für Vera aus; sie fühlte weder sich noch den anderen. In Beziehungen nutzte sie die Gefühle des anderen ausschließlich dazu, ihren Partner zu manipulieren. Ihre eigene Sehnsucht und Bedürftigkeit interpretierte sie als Liebe. Sie glaubte, sie verdanke es ihren „trickreichen Lügen", dass ein Mann mit ihr zusammen war. Die Folgen waren zermürbendes Misstrauen, extreme Eifersucht und überschwemmende Verlustängste. Und jeder Mann, zunächst von ihr fasziniert, verließ sie irgendwann. Nur sehr langsam kann sie in der Therapie wagen, das mütterliche Tabu zu lösen.

Gleiches geschah in ihrem Berufsleben. Hier herrschte das mütterliche Tabu, die eigene Intelligenz in ihr Selbstbild einzubauen. Nun ist Vera Mathematikerin, äußerst erfolgreich in einer Führungsposition an einem Hochschulinstitut. Doch auch ihren beruflichen Erfolg verdankte Vera ihrer Ansicht nach ausschließlich ihrer Fähigkeit, die Welt zu belügen. Entsprechend groß war ihre Sorge, irgendwann durchschaut und verstoßen zu werden.

Veras tragische Geschichte erzählt von dem Elend eines Lebens, in dem das Erkennen der inneren Wahrheit zu Gunsten einer *Pseudoidentität* verloren ging. Bei ihr wird besonders deutlich spürbar, was in mehr oder minder ausgeprägter Form bei den meisten von uns der Fall ist.

Entsprechend lehrreich kann es sein, zumindest sich selbst gegenüber zu versuchen, ein wenig mehr seine uneingestandenen Wahrheiten in sein Bewusstsein zu lassen. Die folgende Übung kann dabei recht nützlich sein. Sie besteht aus drei Schritten.

Übung: Die Tabus in mir

Nimm Dir ein wenig Zeit und ein Blatt Papier und beantworte in aller Ruhe folgende Fragen:

Wie zeige ich mich meinen Freunden und wie bin ich wirklich?

Wie zeige ich mich meinem Partner und wie bin ich wirklich?

Wie zeige ich mich in meinem Beruf und wie bin ich wirklich?

Wie zeige ich mich mir selbst und wie bin ich wirklich?

Der zweite Schritt der Übung besteht nun darin, Dich zu fragen, was schlimmstenfalls passieren könnte, wenn ich mich anderen so zeigen würde, wie ich wirklich bin.

Bis jetzt hat die Übung Dir etwas mehr Klarheit über Dich selbst gegeben. Der dritte Schritt dieser Übung ist der schwierigste, aber auch der lehrreichste. Dieser Schritt besteht darin, jetzt mindestens einen Aspekt Deiner selbst festzulegen, den Du bisher immer verheimlicht hast und den Du bei nächster Gelegenheit zeigen wirst, erstens Deinen Freunden, zweitens Deinem Partner, drittens Deinen Kollegen und Dir selbst.

Du fragst Dich jetzt vielleicht, wie kann ich mir selbst etwas verheimlichen und was könnte ich mir eingestehen, das ich mir bisher verschwiegen habe. Hierzu eine kleine Hilfestellung:

Denke einfach an die Eigenschaft eines Menschen, die Du ablehnst. Vielleicht hältst Du Dich für bescheiden und lehnst Dein Gegenüber wegen seiner Gier ab. Ich weiß, dass ich Dir jetzt viel zumute, aber es lohnt sich, einfach einmal spielerisch auszusprechen: In Dir erkenne ich meine Gier. Zuerst wird Deine Seele schreien, aber meistens wirst Du doch feststellen, dass der Satz nicht ganz falsch ist und Du wirst merken, wie schön es für einen bescheidenen Menschen sein kann, die Gier, deren Unterdrückung oft der Hintergrund der Bescheidenheit ist, in Dein Bewusstsein zu lassen.

3.2 Gefangen zwischen Sehnsucht und Panik: Die Ambivalenz zwischen Nähe und Distanz

Teils sind es die erwähnten Tabus, teilweise auch eine ganze Palette anderer psychischer Mechanismen, die in unserer Kultur eingesetzt werden, um das labile Gleichgewicht zwischen Nähe und Distanz in der Waage zu halten. Wie erwähnt dürfte das Sehnen nach geborgener, angstfreier und glaubhafter Nähe zu den Kernbedürfnissen des Menschen gehören. Das Zulassen von Nähe setzt aber eine stabile Persönlichkeit voraus. Stabil bedeutet hier, dass die Person über starke und sichere Grenzen verfügt. In einer Beziehung kann man das daran erkennen, dass die Entscheidung zur Nähe verantwortungsvoll getroffen wird, auf der sicheren Basis, dass man sich auch dagegen entscheiden, also nein sagen kann. Ist diese Fähigkeit unreif, wie bei sehr vielen Menschen, entsteht entweder panische Angst vor Nähe, weil der Verlust der Identität droht, oder suchtartiges Nähestreben unter Aufgabe der Identität.

Unsere Frage „Wie geht es Dir?“ hat oft die Funktion, scheinbare Verbindlichkeit im Sinne scheinbarer Nähe zu erzeugen, wobei der unausgesprochene Konsens, *nicht wirklich zu antworten*, beide Seiten schützen soll. Sie wird so zu einem Nähe-Distanz-Regularium – vielfältigst inszeniert.

Ein Ja, das vom Nein verlassen ist

Peter, ein junger Abteilungsleiter: Seine gut funktionierende Fassade ist die des hilfsbereiten Kollegen, der nie „Nein“ sagen kann. Er ist ein lieber hilfsbereiter Kumpel ohne echte männliche Ausstrahlung.

Er meidet Nähe wie der Teufel das Weihwasser. Dazu nutzt er eine Vielfalt an Strategien. Als Chef eines Teams, zu dem überwiegend Frauen zählen, zeigt er sich zuvorkommend und verbindlich. Die Frauen freuen sich, in ihm einen allzeit hilfsbereiten Chef zu haben. Doch sie spüren auch, wie sehr er sich durch ihre Weiblichkeit bedroht fühlt, da er ihnen als Mann nicht gewachsen zu sein scheint. Innerlich empfindet er sich wie ein Kind, dass einfach noch viel zu unreif ist, um sich weiblichen Forderungen stellen zu können. Teils bemuttern sie ihn, teils spielen sie mit ihm wie die Katze mit der Maus. Peter flüchtet, er rettet sich in die Vorstellung, bald eine andere Stelle zu übernehmen. So enttäuscht er die Wünsche der Frauen nach Verbindlichkeit – und verliert zu einem großen Teil jene Zuwendung zu ihm als Mann, die sie ihm durchaus geben würden. Peters innere Sehnsucht nach eben dieser Zuwendung und Liebe löst er ohne die drohende Gefahr der Nähe in seinem direkten Umfeld: Er verliebt sich in Frauen, die immer außerhalb seiner Reichweite sind.

Denke daran: Dein „Ja" zählt nur so viel wie das „Nein", das es schützt. Anders gefasst: Dein „Ja" ist nur dann etwas wert, wenn Dir und der Welt unbestreitbar klar ist, dass Du in der Lage wärest, „Nein" zu sagen.

Das Thema *Nähe und Distanz* ist in der Kultur der Gegenwart einer der großen roten Fäden der meisten Beziehungsgeschichten.

Sind wir verliebt, können wir Nähe gut ertragen, was daran liegt, dass wir den anderen nicht kennen. Im Grunde verlieben wir uns in uns selbst, projizieren unsere Sehnsüchte und Bedürfnisse auf den anderen und phantasieren ihn als die Person, die uns gibt, was wir schon so lange vermissen. Grausamerweise lernen wir dann einander kennen, und es geht um wahre Nähe, die es erfordern würde, die reale Präsenz des anderen zu ertragen. Kaum jemand ist ohne Weiteres dazu in der Lage. Paare greifen dann oft zu einem Kunstgriff: Sie verteilen die Rollen. Obwohl objektiv beide Angst vor Nähe haben, übernimmt einer die Rolle dessen, der Nähe fordert, der andere die Rolle dessen, der Distanz wahrt. Der Konflikt ist untergebracht, die Angst besiegt. Der Preis? Häufig besteht er in nie endenden wechselseitigen Vorwürfen: Wenn Du nur so wärst, wie ich es in Deiner Situation und Rolle auch nicht wäre, könnte unsere Beziehung der Himmel auf Erden sein.

Auch dieses Dilemma ist nur lösbar, wenn beide den Mut zur Wahrheit finden, d.h. wenn der „Protagonist der Nähe" begreift, dass die Erfüllung seiner Wünsche ihn in die Flucht schlagen würde und der Distanzierte zu seiner inneren Einsamkeit kommt, die genau das ersehnt, was er dem anderen an Nähe verweigert. Erst dann ist unsere Frage in dieser Beziehung zu beantworten.

„Ätsch!" – Rollentausch

Fünfzehn Jahre lang waren Kurt und Gabi verheiratet. Es waren fünfzehn Jahre sexueller Frustration für Kurt – einen sinnlichen, sexuell offenen Mann, dem körperliche Nähe ein Lebensbedürfnis war. Gabi enttäuschte ihn immer wieder durch ihre sexuelle Verweigerung. Kurt hatte sich mehr oder weniger eingerichtet in dieser platonischen Ehe, hatte auf Sinnlichkeit schweren Herzens verzichtet, aus Loyalität gegenüber seiner – seiner Meinung nach – offenkundig psychisch gestörten Frau. Er ging nie fremd – bisweilen hoffte er, seine Frau werde sich doch noch entwickeln, und im Lauf der Jahre nervte er sie immer seltener durch sexuelle Anträge.

Was Kurt nun als Erstes aus der Fassung brachte, war Gabis Geständnis, seit einiger Zeit einen Geliebten zu haben. Er war tief verletzt, vermutete aber wider alle Vernunft, die beiden hätten keinen Sex miteinander. Schließlich trennte sich Gabi, und Kurt blieb allein. Seine Welt brach zusammen. Er verstand es einfach nicht. Sein Versuch, sich mit neuen Frauen zu trösten, scheiterte daran, dass ihnen das fehlte, was ihm an Gabi so vertraut gewesen war.

Dann endlich traf Kurt Elke. Mit ihr fühlte er sich so gut wie mit Gabi … mit Ausnahme der körperlichen Ebene, und das war der Grund für seine Psychotherapie: Kurt fühlte sich von Elke massiv sexuell bedrängt, worauf er mit Potenzstörungen reagierte.

Unser jeweiliger Nähe-Distanz-Konflikt begleitet uns – auch bei Partnerwechsel und beim Rollentausch. Elke passt genauso gut zu Kurt, wie Gabi einst zu ihm passte. Unser Unbewusstes hat stets die Tendenz, uns an die Partner zu binden, die am besten geeignet sind, unsere inneren Konflikte zu inszenieren.

Im Grunde handelt es sich beim Nähe-Distanz-Konflikt um einen Spezialfall des Tabus. Geschützt wird es durch die Angst, in der Nähe als eigenes, unabhängiges Individuum verloren zu gehen.

Der Preis, den wir für diesen Schutz bezahlen, ist bisweilen hoch: existentielle Einsamkeit.

3.3 Die nicht gestellte Frage: Autonomie und Abhängigkeit

Die vielfältigen Inszenierungen von Nähe-Distanz-Themen im Alltag von Beziehungen sind, entwicklungspsychologisch gesehen, Abkömmlinge einer sehr frühen Phase in unserem Leben. Es geht in dieser Phase darum, dass das völlig mit der Mutter verschmolzene Kind im Schutz einer gelungenen Geborgenheit und Symbiose allmählich eine Differenzierung von der Mutter erlebt. Erst in der Distanz zu ihr nimmt es sein eigenes Ich wahr. Jede Überdosierung von Distanz erzeugt im Kleinkind Todesangst, weil es weiß, dass es ohne die Mutter nicht überleben kann. Jede Überdosierung von Nähe erzeugt die Angst, die mühsam erkannte eigene Identität wieder zu verlieren.

Die nächste entwicklungspsychologische Phase setzt schon ein höheres Maß an Abgegrenztheit voraus. Die Mutter wird als eigenständige Person im Bewusstsein des Kindes wahrgenommen. Das existenzielle Erleben verlagert sich auf das Ringen um eine Balance zwischen *lustbetonter, selbstwertsteigernder Autonomie* einerseits, *Geborgenheit spendenden Abhängigkeitserfahrungen* andererseits. Um diese Autonomie-Abhängigkeits-Thematik geht es nun. Wir wollen gemeinsam das Schicksal der Frage „Wie geht es Dir?“ auf diesem Entwicklungsniveau betrachten.

Im Autonomie-Abhängigkeits-Problem liegt einer der häufigsten Gründe, weshalb viele durchaus attraktive Männer und Frauen im Leben allein bleiben. Die Kernangst ist immer wieder die, sich in den ersehnten Nähekreis eines anderen Menschen zu begeben, dort dann aber festgehalten zu werden, ohne sich dagegen wehren zu können.

Nie wieder abhängig sein …

Warum fand eine so sympathische, intelligente und liebenswerte Frau wie Sabine keinen Partner? Sie sehnte sich doch nach einer Beziehung. Sie gab gar Anzeigen auf, hatte Dates.

Ja, sie sehnte sich danach zu heiraten und Kinder zu haben und sie lernte durchaus geeignete Männer kennen. Doch alles verlief im Sande, noch ehe es angefangen hatte – und spätestens dann, wenn es um Sex ging.

Denn größer noch als ihre Sehnsucht war ihr Wissen: Liebe bedeutet Vereinnahmung. Sabine erinnerte sich – wenn auch nicht bewusst –, wie sehr sie von ihrer Mutter vereinnahmt worden war, und dass es all ihre Kraft gekostet hatte, ein wenig eigene Identität zu erringen. Sabine hatte gelernt: Es war unmöglich, sich von jemandem zu trennen, der einen liebt. Und Sex bedeutete doch Liebe. Wenn Sabine also daran dachte, sich mit einem Mann einzulassen, war sie sich sicher: Jetzt gehöre ich ihm, so wie ich einst meiner Mutter gehörte; meine Autonomie gebe ich preis – für immer.

Als Sabine dieses versteckte Muster begriffen hatte, begann sie – und das war sehr schwer für sie – in kleinen Schritten die Sicherheit zu entwickeln, in Beziehung treten zu können ohne zwangsläufig ausgeliefert zu sein. Sie lernte, dass man Beziehungen auch wieder lösen konnte.

Autonomie bedeutet hier die *gespürte Unabhängigkeit von der Mutter*, die gleichzeitig auch als Getrenntsein erfahren werden kann. Dieser Autonomie gegenüber steht die Angst vor Abhängigkeit, die andererseits als Nähe ersehnt und gleichzeitig als Bedrohung erlebt wird. Die Bedrohung besteht u.a. darin, dass der Mensch, an den ich mich anlehne, auch seinerseits bleiben will – dass der Mensch, der mich will, kaum dass er mich will, das Erbe der mütterlichen Macht über mich antritt.

Menschen, die dieses Problem haben, befinden sich oft in einem dauerhaften Zustand höchster Anspannung und erleben Beziehungsangebote als Angriffe auf ihre Autonomie.

Die Frage „Wie geht es Dir?" stellt ein solches Beziehungsangebot dar. Und deshalb bringt sie die ersehnte – und oft nur fantasierte – Harmonie zwischen den Partnern ins Wanken. Die Angst vor Autonomie- und Identitätsverlust führt zu Konkurrenz und massiven Abgrenzungswünschen, die wiederum aus Angst, die Beziehung zu verlieren, in der offiziellen Kommunikation vermieden werden. In Liebesbeziehungen ist dies ein häufiger Grund, sich zu trennen. Die gleiche Problematik kann am Arbeitsplatz, insbesondere bei wirtschaftlich existenziell verstrickten Partnern, zu heftigen und langfristigen Beziehungsproblemen führen. Es wird so lange wie möglich so getan, als wäre alles in Ordnung. Unter der Oberfläche wächst der Groll, aber auch die Angst vor den wirtschaftlichen Folgen einer geschäftlichen Trennung.

Sollbruchstellen

Stell Dir zwei junge Unternehmer vor, Bernhard und Niklas: Sie sind seit Jahren gute Freunde und haben nun ein gemeinsames Unternehmen gegründet.

Niklas hat 20 Jahre Erfahrung als Großhändler. Künstlerisch begabt, sensibel für gutes Design, hatte er sein Kunststudium abbrechen müssen, weil sein Vater starb und er Verantwortung für die Familie übernehmen musste. Es verschlug ihn aus der Welt der Ästhetik in die Businesswelt, in der er sich zwar bewährte, aber nie wirklich glücklich war. Gemeinsam mit seinem Freund dieses neue Unternehmen zu gründen, bedeutet für ihn die Erfüllung seiner Wünsche nach einem kreativen Betätigungsfeld. Sein Beitrag zum neuen Unternehmen besteht in der Ideen-Kreation, dem Geschäftsdesign, seinem untrüglichen Gefühl für Trends und seinem Netzwerk, das das Geschäft erst ermöglicht.

Bernhard hat eine Führungsposition in einem Konzern für seinen Traum von der Selbständigkeit aufgegeben. Er übernimmt das Organisatorische – engagiert, tatkräftig, effektiv, sorgsam bis ins Detail und mit zahllosen Arbeitsstunden. Er betreut die Kunden, bearbeitet Reklamationen und arbeitet sich in komplexe IT-Systeme ein.

Eigentlich haben sich hier zwei ideale Partner gefunden, die einander optimal ergänzen: Ein Visionär verbindet sich mit einem Umsetzer. Doch so einfach liegen die Dinge hier nicht.

Niklas kann, da es sich um seine Zweitfirma handelt, nur an 3 Tagen in der Woche zur Verfügung stehen. Außerdem: Die Detailarbeit des Kollegen ist nicht sein Ding. Voll Unverständnis nimmt er zur Kenntnis, dass Bernhard bis zu achtzig Stunden in der Woche im Unternehmen ist, Nächte am PC verbringt, seine Familie vernachlässigt, um, wie Niklas es sieht, „Erbsenzählerei" zu betreiben. Andererseits bereitet ihm dieses offensichtliche Ungleichgewicht zunehmend Schuldgefühle und er bietet daher an, einen geringeren Anteil des Unternehmensgewinns zu erhalten.

Bernhard, der am Rande seiner Belastbarkeit schuftet, nimmt das Angebot an, allerdings in dem Gefühl, sein Partner mache es sich leicht. Ständig belagert er Niklas mit zusätzlichen zeitlichen Ansprüchen, die dieser manchmal zähneknirschend erfüllt, manchmal zurückweist. Bernhard fühlt sich mit der Kärrnerarbeit im Stich gelassen, hält den anderen für faul. Der wiederum besorgt im Nebenschluss neue Kunden und strickt am Netzwerk weiter. Mit seinem geringeren Gewinnanteil fühlt er sich zunehmend ungerecht behandelt, weil aus seiner Sicht das ganze Unternehmen seiner Vision entspringt. Er bringt vielleicht weniger konkrete Arbeit ein, dafür aber umso mehr Talent, das er als geldwerten Vorteil für das Unternehmen als unzureichend gewürdigt empfindet.

Beide spüren die Versuchung zum Rückzug in die – scheinbare – Autonomie. Der eine flieht in seine Vision von einem blühenden Unternehmen, der andere in die Arbeit vor Ort. Die Tatsache, dass es ebensoviel Abhängigkeit gibt, da keiner ohne den anderen in der Lage wäre, das Geschäft auf gleichem Niveau zu erhalten, wird verdrängt. In beiden wächst der Zorn und damit die Furcht, in einem Showdown die Beziehung zu zerstören. Man vermeidet sich, ahnt, wie es dem anderen geht, will es aber nicht wissen. Die eigene Feindseligkeit wird auf den anderen projiziert, der dadurch feindselig und bedrohlich erscheint.

Die Frage „Wie geht es Dir?" wird hier nicht gestellt. Es gibt durchaus eine vorbewusste Ahnung davon, was sich da zusammenbraut – doch die wird mit Verve aus dem aktuellen kommunikativen Feld ausgeklammert.

Wenn ein Prozess wie dieser lange genug dauert, entwickelt sich eine massive *Sollbruchstelle*, die schon manche Beziehung und Kooperation zerstört hat. Es wird zunehmend unmöglich, dieses Problem miteinander zu lösen.

Lösungen liegen für Prozesse wie diesen meist in externer professioneller Hilfe – etwa durch einen unbeteiligten Coach. Dann können die Partner es schaffen, einander zu *entdämonisieren*, die beiden jeweils nachvollziehbaren Positionen auszutauschen und auf der Grundlage gegenseitiger Empathie zu einer Einigung kommen, die beiden ein Gefühl der Gerechtigkeit gibt. Dann würden sie wieder wissen, wie es dem anderen geht, und der Fluss ihrer gemeinsamen Arbeit könnte wieder fließen.

Sicher hast Du dieses Phänomen in Liebesbeziehungen schon häufig beobachtet. "They all love him, but they always try to change him. That´s what happens when a girl becomes a wife."[7] Diese Zeilen verdichten den Autonomie-Abhängigkeits-Konflikt in der Weise, dass die Andersartigkeit des Gegenübers als Bedrohung erlebt wird. Wenn er autonom ist, kann er mich verlassen. Ich versuche also, ihn abhängig zu machen, um meine Verlassenheitsängste zu beschwichtigen. Andererseits will ich aufgrund jener Verlassenheitsängste auf keinen Fall riskieren, mir meine eigene Abhängigkeit von ihm einzugestehen.

3.4 Vermeidungsrituale

Eine Beziehung, die sich vornehmlich um Autonomie-Abhängigkeits-Konflikte dreht, erkennt man an folgendem Mechanismus: Beide Partner empfinden heftige Gefühle, die ihnen erlauben, sich autark, selbstbestimmt oder aber auch verbunden zu fühlen. Sie garantieren ein beruhigendes Gefühl von gelungener Überwindung der existenziellen Isolation bei gleichzeitigem Erhalt der individuellen Integrität. Die Frage „Wie geht es Dir?" macht zwar Angst, aber auch insofern Sinn, als dass in diesen Beziehungen durchaus eine gewisse Form von Kontakt besteht.

Ein weiterer psychischer Mechanismus, den man in Beziehungen antrifft, in denen Autonomie-Abhängigkeits-Konflikte eine tragende Rolle spielen, ist die Vermeidung. Man ist höflich, freundlich, macht die richtigen Gesten – ist aber innerlich weitgehend unbeteiligt. Häufig haben Menschen offenbar gar kein „Programm", das ihnen eine Vorstellung von Kontakt gibt. Sie wissen nicht nur nicht, wie es ihnen selbst und ihren Mitmenschen geht – sie ahnen nicht einmal, dass es möglich sein könnte, es herauszufinden.

---

7 Aus dem Song „Another cup of coffee" von *Mike and the Mechanics*
- Alle lieben ihn, aber sie versuchen ihn zu verändern. Das ist es, was geschieht, wenn aus einem Mädchen eine Ehefrau wird.-

Keine Ahnung …

Ein extremes Beispiel für die Vermeidung ist jene stark übergewichtige Frau, die mit einer unklaren Erregungssymptomatik auf einer Intensivstation eingeliefert wurde.

Der begleitende Notarzt hatte dem unspezifischen Verdacht auf eine neurologische Erkrankung. Die Patientin war unklarer Weise mit ihrem Bauch beschäftigt, wirkte eingetrübt, unorientiert, sehr aufgeregt. Kaum auf Station angekommen, gebar sie ein Kind. Sie wusste weder, dass sie schwanger war, noch hatte sie körperliche Veränderungen in dieser Zeit erlebt, und die Geburt überraschte sie ebenso wie die behandelnden Ärzte. Diese junge Frau war, sollte ich später noch feststellen, beileibe kein Einzelfall.

Nicht nur das eigene Selbst kann ausgeblendet werden, sondern auch der Partner:

Eine harmonische Ehe

Eine Frau erzählte, ihr Mann habe sich erhängt. Den Grund wisse sie nicht. Wohl sei er in der Psychiatrie gelegentlich wegen Depressionen behandelt worden. Doch sie habe ihn nie gefragt, was ihn belaste. Man habe in 34 Jahren Ehe auch nicht über persönliche Befindlichkeiten gesprochen. Es sei eine sehr harmonische Ehe gewesen, erstaunlich nur, dass in den letzten Jahren die Sexualität versiegte.

Das sind nun recht extreme Beispiele dafür, wie Begegnung unter allen Umständen vermieden wird. Gleichwohl ist anzumerken, dass die neurotischen Erkrankungen nur Extremwerte des Normalen sind. Auch in Deinem Leben mag es Situationen geben, die Dich staunen lassen, und/oder Menschen, die Dich Dinge fragen möchten, die sie bisher nie fragten. Oder Du stellst fest, dass es in Dir, in Deiner eigenen Seele, Bereiche gibt, denen Du Dich bisher nie oder viel zu selten zuwandtest.

Der Mann, der sich nach 34 Jahren Ehe erhängte, könnte vielleicht noch leben, wenn seine Frau den Mut gefunden hätte, ihn ernsthaft anzuschauen und ihn zu fragen, wie es ihm gehe und was ihn bewege. Auf jeden Fall hätte sein Selbstmord sie weniger ratlos zurückgelassen.

Es lohnt sich für Dich, darauf zu achten, welche rituellen Begegnungsvermeidungen Du wahrnimmst. Unsere Kultur ist voll davon, und häufig vollziehen sich diese Rituale blitzschnell und automatisch, so dass wir sie kaum registrieren. Der Begriff *Ritual* soll hier verstanden werden im Sinn der permanenten Wiederholung bestimmter kommunikativer Szenarien, die teils bewusst, teils unbewusst eingesetzt werden. Mindestens auf der persönlichen, häufig aber auch auf der gesellschaftlichen Ebene besteht Einigkeit darüber, diese Strategien zur Vermeidung zu naher Begegnungen einzusetzen.

Im Alltag, im Beruf und im Beziehungsleben gibt es unzählige Varianten rituell vermiedener Begegnungen. Eines der klassischen Vermeidungsrituale ist beispielsweise die Unterbindung von Blickkontakt. Der höfliche Mann macht einen Diener und schaut auf den Boden, das wohlerzogene Mädchen errötet und schlägt die Augen nieder.

Oft ziehen sich bestimmte Vermeidungsrituale durch ganze Familien und Organisationen. Etwa im Fall des Seniorchefs eines Unternehmens, der nicht mit der Realität konfrontiert wurde, dass die Zeit zur Übergabe seiner Aufgaben an einen anderen gekommen war. Das Vermeidungsritual bestand in einer mehr oder weniger verdrehten Form von Respekt: Alle beugten sich vor dem Patriarchen, den viele auch ehrten und liebten. Sie spiegelten ihm seine ungebrochene Macht, ersparten ihm aber die Konfrontation mit seiner zunehmenden Inkompetenz für die aktuellen Probleme des Unternehmens.

Doch Vermeidungsrituale sind keineswegs immer etwas Schlechtes.

Bis ins nächste Glied

Ein Klient litt extrem darunter, keinen befriedigenden Kontakt zu seinen Brüdern zu haben. Er sehnte sich nach seiner Familie – und hasste sie. Sein Vater war Bauer – ein brutaler Mann, der rücksichtslos über Familie und Gehöft herrschte. Seine Frau, die ihn nicht liebte, gebar ihm vier Söhne, die er mit stählerner Hand erzog und an denen er auch sein Unglück über die Frau, die ihn betrog, ausließ. Der Klient erzählte von einer Kindheit und Jugend unter einer Schreckensherrschaft, bestimmt von Schlägen und Tritten, von allen Arten der Traumatisierung durch väterliche Gewalt, die ihm und all seinen Brüdern widerfuhr.

Die vier Brüder wuchsen heran zu – vordergründig – aggressiven Rivalen, die um das einzig Gute in der Familie rangen: um den Hof, um das väterliche Vermögen. Während der Vater sehr alt wurde, prägten Angst, Scham und Gier das Leben der Geschwister, die sich, bis sie selbst über sechzig Jahre alt waren, angesichts des Erbes argwöhnisch belauerten. Der zweitälteste Bruder, laut des Familienmythos der begabteste, scheiterte bei seinem Versuch, die Familie zu verlassen, war den Flüchen des dritten, der ihn beneidete, weil er den Hof übernehmen sollte, ausgesetzt und beging letztendlich Selbstmord. Der jüngste Bruder rettete sich in die körperliche Schwäche des Hypochonders, während die beiden anderen – einer wurde Arzt, der andere übernahm den Hof – bis an die Schwelle des Todes miteinander rangen.

Heute sieht es so aus, dass die drei, wenn sie gemeinsam auftreten, wirken wie verängstigte Kinder, die fürchten, gleich verprügelt zu werden. Sie schlagen die Augen nieder, sprechen einander nicht an – und jeder hat offensichtlich seine Form der Flucht gefunden: Der Älteste floh in die Depression, der Mittlere brach, sobald ein persönliches Wort fiel den Kontakt völlig ab, und der Klient rettete sich in die psychosomatische Symptomwelt.

Was war hier geschehen? Das Familienideal des ländlichen Raumes forderte Loyalität und versprach Geborgenheit. Die Brüder, verwahrloste Kinder, Überlebende eines Schreckensregimes, sehnten sich nach dieser Liebe – und gleichzeitig hassten sie den brutalen Vater, und sie hassten einander als Rivalen. Der Hass wiederum galt ihnen als Sünde, besonders der Hass, der sich auf den Vater richtete. Der Hass musste also um jeden Preis verleugnet werden. Jeder der Brüder glich mithin einem Dampfkessel kurz vor der Explosion – und tat gut daran, die Begegnung mit den anderen zu vermeiden.

Der Weg in den Frieden mit sich selbst und den anderen führt über das gemeinsame Trauern, das Trauern über die erlittene Grausamkeit und die damit verbundene Einsamkeit. Bis dieser Trauerprozess möglich wird, sind die Brüder gut beraten, einander zu vermeiden, denn das schützt sie davor, sich im schlimmsten Fall gegenseitig umzubringen.

Vermeidungsstrategien in der Liebe

Äußerst vielschichtig und bunt sind Vermeidungsrituale in der Liebe. In der Konsequenz könnte man oft sagen, dass viele Ehepaare es bis zur goldenen Hochzeit schaffen, ohne sich jemals kennen zu lernen. Ein gutes Beispiel dafür ist die verletzte und verzweifelte Witwe, die nach dem Tod ihres Mannes dessen Schrank aufräumt und dabei alle möglichen Erkenntnisse über ihn sammelt, die sie zu seinen Lebzeiten nie für möglich gehalten hätte. Oft ist das Traurigste an solchen Geschichten die Erkenntnis, dass man solange so nah zusammen war, ohne je das Vertrauen zu entwickeln, sich einander zu offenbaren.

Wesentlich ist: Rituelle Vermeidungen können durchaus auch als *vordergründige Offenheit* daherkommen. In vielen Beziehungen, gerade mit jüngeren Partnern, kannst Du auch eine Selbstoffenbarungssucht feststellen, die sich zum Beispiel darin äußert, dass die betrogene Ehefrau als Beichtmutter ihres infantilen Mannes nach seinem Seitensprung herhalten soll.

In dieser scheinbaren Offenheit verbirgt sich eine besonders wesentliche Vermeidungsstrategie. Es geht um die Vermeidung der eigenen erwachsenen, verantwortlichen Identität zugunsten eines Schuldgefühl geplagten, um Vergebung winselnden Anteils, der die Partnerin bittet, mütterlich zu vergeben und damit die Verantwortung für die eigene Untreue zu übernehmen. Selbst gutwillige Frauen lehnen dieses kommunikative Angebot meist energisch ab, mit der Botschaft: „Wenn Du schon fremd gehst, dann trag es wenigstens alleine.“ Gewährt die Frau hingegen mütterliche Verzeihung, verlieren oft beide die erotische Spannung zueinander. Das liegt daran, dass sexuelle Energie des Fließens auf der gleichberechtigten Ebene zweier erwachsener Individuen bedarf. Damit unsere Sexualität lebendig bleibt, ist es wesentlich, dass wir unsere Partner *nicht adoptieren, sondern heiraten.*

Dieses gilt natürlich für Männer und Frauen in beiden Rollen.

4. „Wie geht es mir?" – Meiner Wahrheit ausweichen

Jemand schaut morgens in den Spiegel und sagt zum Spiegelbild: „Ich kenne dich nicht, aber ich wasche dich trotzdem." Vielfach sagt dann das Spiegelbild: „Wasch mich, aber mach mich nicht nass."

Büttenrede im Kölner Karneval

„Als sie eingetreten waren, sahen sie ein glänzendes Porträt ihres Herrn an der Wand hängen, wie sie ihn zuletzt gesehen hatten, in all dem Wunder seiner köstlichen Jugend und Schönheit. Auf dem Boden aber lag ein toter Mann im Gesellschaftsanzug, mit einem Messer im Herzen. Er war welk, runzlig und Abscheu erregend. Erst als sie die Ringe untersuchten, erkannten sie, wer es war."

Oscar Wilde: Das Bildnis des Dorian Gray

Lass uns nun das vielfältige Schicksal unserer Frage im eigenen Selbst in den Blick nehmen.

4.1 Leugnung der eigenen Wahrheit

Hast Du auch schon mal von jenem Weisen gehört, dem sich jeder anvertrauen kann, weil ihm nichts Menschliches fremd ist? Oder vom Schamanen, der bei manchen Naturvölkern dadurch zum Schamanen wird, weil er alle menschlichen Erfahrungen und Leiden selbst durchgemacht hat und seine Seele diese nun kennt? Der Weise und der Schamane haben etwas gemeinsam: Sie lernten, den sprichwörtlichen Blick in den Spiegel zu ertragen.

Nach *Bruce Read* [61], einem Weisheitslehrer der 1970er Jahre, ist Verdrängung deshalb überlebenswichtig, weil niemand es überstehen könne, alle inneren Aspekte seines Selbst auf einmal auszuhalten. Im Kern zielt die Frage „Wie geht es mir?" genau darauf ab: Wer bin ich in meiner ganzen Wahrheit? Was ist überhaupt meine Wahrheit?

Die Projektion

Lass uns zurückkommen auf das Thema *Autonomie:* Ein Effekt der Abtrennung von unserer primären Autonomie ist ein Lebensgefühl, das wesentlich von der Angst geprägt wird, mit den schwachen und hilflosen Anteilen unserer Person konfrontiert zu werden.

Zur Erinnerung: Viele von uns haben, so wie Arno Gruen es beschreibt, die Erfahrung gemacht, in unserer Hilflosigkeit und Abhängigkeit als Kind von unseren Eltern verachtet zu werden. Die Rettung war die Identifikation mit den phantasierten Stärken der überlegenen Erwachsenen, speziell mit deren Macht sowie deren Verachtung für Schwäche. In unserem dann falschen Selbst, der sekundären Autonomie, fürchten wir nun nichts so sehr, wie durchschaut zu werden, und damit wieder der vernichtenden Verurteilung der Mitwelt ausgeliefert zu sein. Gerade deshalb *projizieren* wir unsere abgelehnten Seiten in andere, *um sie* bei ihnen – und nicht bei uns – zu verachten.

Das Brisante an Projektionen liegt nun gerade darin, dass sie uns vorgaukeln, Wahrheiten zu sein. Oft ist der eigentliche Inhalt der Projektion der eigene Schatten. Derjenige, für den selbst es gar nicht so abwegig ist zu betrügen, hat oft die größte Angst betrogen zu werden. Ausgerechnet Schnorrer verteufeln Schnorrer.

Die kommunikative Wahrheit lautet: *In Dir erkenne ich meine dunkle Seite.*

Sehr häufig wird dies beim Thema Eifersucht deutlich, wenn ausgerechnet der Partner, der den anderen bis hin zur Vernichtung von

Lebensfreude mit der größten Eifersucht verfolgt hat, derjenige ist, der den anderen verlässt.

Kein Einzelfall ist beispielsweise jener Mann, der seine Frau mit seinem Eifersuchtswahn so sehr bedrängt, dass er sie ernsthaft gefährdet, und der zur gleichen Zeit eine Affäre mit einer Kollegin hat. Aus seiner Sicht fällt seine reale Untreue weniger ins Gewicht als die eingebildete Untreue seiner Frau.

Andere Themen der Projektion sind unsere Sehnsüchte. *Yalom* [89] beschreibt zum Beispiel die *Sehnsucht nach dem letzten Retter*, der uns aus einer Not befreit. Wenn wir glauben, diesen identifiziert zu haben, klammern wir uns an ihn und verlangen, dass er uns gibt, wovon wir denken, dass er es hat. Bizarrerweise eignen sich bedürftige Menschen für Retterprojektionen ganz besonders. Bisweilen kommt es zu brisanten Wechselspielen solcher Retterprojektionen:

Der abhängige Retter, oder: Die Leere hinter der Projektion

Matthias war in schwere berufliche Not geraten, stand am Abgrund und wandte sich an einen Freund. Der Freund half ihm, in der Weise, dass er dem Freund in Not eine Beteiligung an einem Vertriebsprojekt anbot. Im Gegenzug sollte der, dem er half, zum Retter aus seiner sozialen Isolation werden. Der Freund war ein hochgradig labiler Mensch. Insbesondere wenn seine Frau nicht da war, brauchte er regelrecht einen Babysitter.

Er half Matthias, weil er ihn bewunderte. Hinter seiner Hilfsbereitschaft stand seine Sehnsucht nach der Liebe des als überlegen wahrgenommenen Freundes. Matthias wiederum verachtete ihn – hinter seiner vordergründigen Dankbarkeit – dafür, dass er, der Retter, selbst abhängig war.

Das Arrangement funktionierte eine Zeit lang, bis die Projektion aufgelöst wurde und sich herausstellte: Ohne die Projektion blieb von der Freundschaft nichts übrig.

Wenn ich mich ernsthaft frage, wie es mir gehe, riskiere ich gerade solche Konfrontationen wie mit dem „letzten Retter“ oder meinen Schattenanteilen. Dabei erstaunt und beeindruckt es immer wieder, wie sehr sich gerade jene Menschen an ein Bild von sich klammern, um ihre persönliche Wahrheit zu vermeiden, die am offensichtlichsten von diesem Bild abweichen.

„Ich bin immer gepflegt, bescheiden, niemals gierig. Ich lüge nie, will immer das Gute und tue immer mein Bestes.“ Die Liste der Lebenslügen ist lang. Wen wundert es also, dass die wenigsten sich die Frage „Wie geht es mir?“ wirklich mit der Bereitschaft zu einer umfassenden Antwort stellen. Oft geben wir uns, wie erwähnt, nur unsere Lieblingsantworten und betrachten ausschließlich unsere Schokoladenseiten.

Projektionen betreffen keineswegs immer nur Menschen, auch in ein *Projekt* können zum Beispiel Erlösungssehnsüchte projiziert werden. Stell Dir ein Gespräch zwischen einem Unternehmer, seinen Gläubigern und seinem Wirtschaftsprüfer vor: Der Unternehmer versucht, die Verzweiflung über sein Scheitern manisch zu bewältigen, indem er dem Gläubiger von einem Projekt vorschwärmt, das angeblich unmittelbar vor der Realisierung stünde und ihm Millionen einbrächte. Er klammert sich an die Vorstellung einer in naher Zukunft liegenden Möglichkeit, seinen Gläubiger zu bezahlen. Der Wirtschaftsprüfer hilft ihm, seine Projektion zurückzunehmen, indem er mit einem gütigen, aber auch strengen Lächeln feststellt: „Sie sind pleite.“

Sehr „hilfreich“ zur Vermeidung unserer persönlichen Wahrheit ist auch der *Opfermythos*. Das Dunkle, Schwache sind wir nicht. Falls doch, dann gehört es nicht wirklich zu uns. Es wurde uns von der Gesellschaft, unseren Eltern und natürlich ganz besonders von unseren Partnern angetan. Es ist ein Fremdkörper in unserer Seele. Wir sind fast immer sicher, dass wir zu Recht wütend auf unseren Partner sind, da wir seine Projektionen als solche erkennen, unsere eigenen aber für Wahrheiten halten. Unser Partner unterdrückt uns ja wirklich, zum Beispiel mit seiner Brillanz. Zu erkennen, dass die eigentlichen Konfliktthemen in einem solchen Fall unser Neid und unsere Eifersucht sind, die uns dazu verführen, uns durch die Stärken unseres Partners verfolgt und angegriffen zu fühlen, fällt schwer. Dass wir dann auf die phantasierte Verfolgung durch die Stärken des Partners mit Gehässigkeit reagieren, macht uns zum Aggressor. Das ist eine Erkenntnis, die den Opfermythos durchgreifend ad absurdum führen könnte, die aber aus verständlichen Gründen in der Regel vermieden wird.

„Ich habe doch nur meine Meinung gesagt“, lügt eine Frau im Streit, die ihrem Mann, den sie bewundert und gerade daher hasst, in den Rücken fiel. Sie bewundert ihn und dadurch wird er für sie zur Gefahr. Dieser Gefahr, in seiner Nähe in die Hölle der eigenen Selbstzweifel zu versinken, versucht sie auszuweichen, indem sie ihn gnadenlos bekämpft. Selbst wenn es ihr gelingt, ihn zu unterdrücken, weiß sie im Inneren um ihre Motive und die Diskrepanz zwischen dem Bild, das sie nach außen vermittelt und ihrer gefühlten Wahrheit. Der Preis ist auf Dauer hoch.

Der Preis der Diskrepanz: Burnout

In der Öffentlichkeit trauern wir um uns und heischen nach Verständnis, Mitleid und Verbündeten. Da wir es insgeheim besser wissen, nagt derweil in uns die Scham. Außerdem steigt bei vielen der innere Druck umso mehr, je größer die Diskrepanz zwischen erstrebter und gefühlter Identität wird.

„Ich habe bis zum Letzten versucht, meine positive Fassade aufrechtzuerhalten“. Es wird immer schwerer mit der Zeit. Erschöpfung stellt sich ein.

Vergleichbar ist dieser Prozess mit der Anstrengung, die es bedeutet, mit einem Ruderboot, das ein Leck hat, über den Bodensee zu rudern. Auf den ersten 100 Metern fällt es leicht, das Wasser auszuschöpfen und dennoch weiter zu kommen. Irgendwann begreifst Du, dass eine Pfütze bleibt und zuletzt gibst Du auf. Das Wasser gewinnt die Oberhand. Das Boot sinkt.

Unsere tägliche Erfahrung mit Menschen, die unter einem sogenannten Burnout leiden, zeigt, dass deren energetischer Zusammenbruch in der Regel dadurch zustande kommt, weil sie – meist über einen längeren Zeitraum – eine unstimmige Rolle spielen.

Auch wenn viele es nicht glauben: Heftige und lang anhaltende Arbeit macht so gut wie nie krank. Krankheit entsteht durch die *Diskrepanz zwischen Selbstbild und Wahrheit.*

Wenn zum Beispiel unsere Frage beantwortet wird mit „Es scheint mir sinnlos, was ich tue", dann vergeht die Kraft. Heutzutage geht es vielen Menschen im Berufsleben so: Hochmotiviert angetreten, werden sie durch permanente Umstrukturierungen gequält, die schließlich auch die Rollenflexibilität der Starken überschreiten. Ein Gefühl des Verachtetseins gesellt sich zum Erlebnis der eigenen Wertlosigkeit. Die wahnsinnige Wut, die unausweichlich entsteht, zerschellt an der realen Erfahrung der eigenen Hilflosigkeit. Wenn Du diese Wut dann auch noch gegen Dich selbst richtest, wirst Du über kurz oder lang zusammenbrechen.

Einbruch in die Wahrheit

Eigentlich war Corinna Ärztin. Sie brauchte den Austausch mit Kollegen wie eine Pflanze die Sonne. Sie war eine intellektuelle Denkerin, die Anregung durch komplexe Fragestellungen benötigte. Sie brauchte, kurz gesagt, das gleiche wie ihr Mann, der Professor.

Nun hatten Corinna und ihr Mann entschieden, dass Corinna bei den drei Kindern zuhause bleiben würde. Sie liebte ihre Kinder, sie war eine hochengagierte Mutter, und nach außen hin gedieh die Familie bestens.

Das Problem lag im Inneren: Während Corinnas Mann, der Professor, in seinem Beruf die Anregung und Anerkennung erfuhr, die ihm gut tat, verkümmerte Corinna. Sie erlebte die Diskrepanz zwischen sich und ihrem Mann als immer größer. Sie neidete ihm seine Erfolge, und gleichzeitig nagte ein immer stärkerer Selbstzweifel an ihrer Seele. Die Mutterrolle allein gab ihr nicht genug, ließ sie emotional und intellektuell darben. „Wer bin ich schon an der Seite dieses Halbgottes, wann fangen die Kinder an mich zu verachten angesichts des überlegenen Vaters?" Die Diskrepanzen und Brüche in ihrem Inneren wurden zunehmend größer – auch wenn im Außen alles in Ordnung war. Schließlich brach Corinna emotional verhungert, voll Hass zusammen. Es dauerte lange, bis sie sich wieder fand.

Alles, was in Corinnas Leben stattfand, war vordergründig in Ordnung. Der Grund ihres Burnouts lag in der immer geringeren Passung ihrer inneren Wahrheit und den Rollenzuschreibungen ihrer äußeren und inneren Realität.

Der Gewinn des Blicks nach innen: Unsere wunderbaren Gaben

Es soll hier nun nicht der Eindruck entstehen, dass der Blick nach innen nur in die „Geisterbahn" führt. Natürlich ist es wichtig, sich klar zu machen, dass ein vollständiges Bewusstsein des eigenen Selbst die Integration der eigenen Schatten voraussetzt. Andererseits sind viele Menschen so sehr belastet von Befürchtungen über sich selbst, dass der Blick nach innen zu tiefer Freude und Erleichterung führen kann oder dazu, dass Therapeut und Klient gemeinsam in schallendes Gelächter ausbrechen. Dieses Gelächter ist für beide erkennbarer Ausdruck von Befreiung und Erleichterung.

Wesentlich an dieser Stelle ist die Wirksamkeit der oben beschriebenen Tabus: Je dunkler die Moral und die Werteorientierung der Herkunftsfamilie sind, desto verbotener ist das freudige Zur-Kenntnis-Nehmen der eigenen Stärken.

Stell Dir etwa vor: Eine Frau, die ein zehn Jahre altes Bild von sich ansieht und bedauernd sagt: „Hätte ich doch damals nur gewusst, wie attraktiv ich bin.“ Und vielleicht begreift diese Frau dann im Moment ihres Bedauerns, dass dies auch für den Augenblick gilt und dass es nur ein kleiner Schritt ist, sich endlich an der eigenen Schönheit ohne Einschränkungen zu erfreuen, die eigene Intelligenz zur Kenntnis zu nehmen, sie in ihr eigenes Selbstbild einzubauen, ohne Furcht, andere zu provozieren – und der eigenen Sexualität die Unschuld wiederzugeben, die ihr von Anfang an zustand.

Nochmals: Wir werden nicht nur dadurch ganz, dass wir die Schatten integrieren, sondern auch dadurch, dass wir uns die *wunderbaren Gaben der Existenz* voll aneignen. Menschen, die dies tun, wirken nicht etwa arrogant oder überheblich. Überheblichkeit ist in aller Regel das äußerlich sichtbare Symptom tiefer Minderwertigkeitsgefühle.

Diese positiven Gefühle und Eigenschaften sind meist nicht verdrängt, sondern liegen dem Bewusstsein näher als das Verdrängte. Das bedeutet, sie sind eigentlich bewusstseinsfähig, werden aber verleugnet. Man könnte also Verleugnung definieren als eine weniger tiefe Form der Verdrängung.

Integrationshilfen

Wir können lernen, uns so sehr zu verleugnen, dass wir die Erinnerung an uns selbst verlieren. Bezogen auf die Frage, wie es mir gehe, wird klar, dass ich mich mit mir selbst identischer und wohler fühlen werde, je umfassender ich mich selbst wahrnehme und annehme.

Zu Recht gilt das *Wiedererinnern (Self-remembering)* bei vielen als der entscheidende Schritt auf dem Weg zu sich selbst. Ein gutes Beispiel für dieses Self-remembering ist der Fall eines katholischen Theologen, der in den Orden eintrat, um im Schutz des Zölibats seine Homosexualität vor sich verleugnen zu können. Ein analog strukturierter Ordensbruder brachte die Erinnerung zurück.

Wahrscheinlich handelt es sich bei dem Prozess des sich an Sichselbst-Erinnerns um einen der wirklich wesentlichen *Wirkfaktoren von Psychotherapie.* Klient und Therapeut gehen gemeinsam den Weg zum Punkt des Sich-Vergessens des Klienten zurück, in dem Tempo, das er aushält, ohne fliehen zu müssen. Idealerweise bildet sich ein Vertrauensverhältnis, das ihm hilft, seine Angst immer besser zu ertragen und dabei neugierig zu werden auf das, was noch entdeckt werden kann.

Insbesondere geschieht dies auch in der Selbsterfahrungsgruppe, wenn die anderen Mitglieder den Sich-Erinnernden spiegeln, wie sie ihn erleben, auch in den Teilen, zu denen er schwer stehen kann. Wenn er dann noch erlebt, dass viele in der Gruppe das gleiche Problem haben, und erfährt, mit der angeblichen Schwäche angenommen zu werden, geschieht reale Heilung.

Interessant ist in diesem Zusammenhang, dass die Seele durch die Integration ihrer schwachen Seiten deutlich gestärkt wird. Dieses ist eines der Geheimnisse, warum *Gruppentherapie und Gruppencoaching* so hilfreich sind. Die Teilnehmer erhalten dabei eine Art Schutzraum, der ihnen erlaubt, ihre befürchteten und abgewehrten Selbstanteile durch Selbstoffenbarung wahr werden zu lassen. Indem diese quasi ins Bewusstsein gelassen werden, verlieren sie ihren Bedrohungscharakter. Dabei hilft natürlich die Tatsache, dass die anderen Gruppenmitglieder eine deutliche Anerkennung ausdrücken für die Bereitschaft des Individuums, sich zu zeigen.

Der innere Weg dahin, den Blick in den Spiegel zu ertragen, wird bei manchen Menschen sichtbar an dem Weg, den ihre Widerstände nehmen. Wenn Du jemanden fragst, ob er an einer Gruppe teilnehmen möchte, wird er Dir umso wahrscheinlicher eine ablehnende Antwort geben, je weniger er in der Lage ist, sich selbst zu ertragen. Die Angst vor seinen inneren Problemen projiziert er auf die anderen Gruppenmitglieder, von deren Nöten er sich dann bedrängt fühlt. „Ich hab genug eigene Probleme, und ich bin einfach nicht bereit, mich auch noch mit den Nöten anderer zu belasten." Wenn ein solcher Mensch tatsächlich an einer Gruppe teilnimmt, bestätigt sich seine Befürchtung. Das liegt aber nicht daran, dass die Nöte der anderen ihn wirklich belasten, sondern daran, dass er die Sorgen der andren auf die gleiche Art und Weise vermeidet wie seine eigenen. Kurz, er verbrennt in seinem eigenen Widerstand. Sobald jemand dahin reift, sein eigenes Inneres zu ertragen, kann er die erlösende Wirkung spüren, die es hat, unter den anderen Gruppenmitgliedern Menschen zu finden, die durch die gleichen existenziellen Nöte verbunden sind.

Als neulich ein junger Mann in seiner zweiten Sitzung der Gruppe von seinen sexuellen Versagensängsten berichtete, erntete er die spontane Sympathie vieler anderer Gruppenmitglieder, die ihm für diesen Vertrauensvorschuss dankten und gleichzeitig spürten, dass er auch ihnen die Tür dafür geöffnet hatte, über ihre sexuellen Ängste zu sprechen.

Indolenz und Hypochondrie

Zwei häufige Mechanismen, unser wahres Sein zu vermeiden, sind Indolenz – also Gleichgültigkeit gegenüber dem eigenen Schmerz – und ihr Gegenpart, der sich beispielsweise in der Hypochondrie äußert.

Andrea: Bestnoten für Indolenz

Was zählte, war Leistung – und die brachte sie. Vater und Mutter waren stolz auf ihre kluge, sportliche und musikalische Tochter. Und Stolz auf Höchstleistungen war das einzige Gefühl, das in dieser Familie ‚offiziell' vorkam. Nicht, dass die Eltern nicht nette Menschen gewesen wären. Doch das Maß aller Dinge war für sie eben die Arbeit, die Leistung und das öffentliche Präsentieren der Erfolge – und die Tochter verstand.

Weder Vater noch Mutter fragten die junge Frau je, wie es ihr gehe. Innerlich einsam und gerade deshalb von den Eltern abhängig, wurde Andrea Leistungssportlerin, Elitestudentin und Sängerin in einer Band.

Eine Tournee stand an – doch Andrea wollte nicht auf Tournee gehen, da ihr Vater im Sterben lag. Sie wagte es nicht abzusagen. Sie hielt durch, stand auf der Bühne, dann starb ihr Vater. Sie erfuhr es aus der Presse und brach zusammen. Nach der Tournee: Business as usual – Höchstleistung rund um die Uhr.

Dann lernte Andrea ihren zweiten Mann kennen, und erstmals erlebte sie, wie sich jemand für sie interessierte. Ihr ‚Hochleistungs-Selbst' zerbrach. Ein reales stabiles Selbst stand noch nicht zur Verfügung – doch sie konnte sich im Schutz des liebenden Partners endlich eine Angstneurose leisten.

Nichts lief mehr. Andrea konnte nicht mehr über Brücken fahren, keinen Aufzug benutzen. In Geschäften bekam sie Panik. Es ging nicht mehr anders, sie musste sich der Frage stellen, wer sie war und was sie brauchte. Endlich löste sie sich von der Mutter, deren Ansprüche sie nach wie vor, besonders intensiv nach des Vaters Tod, verfolgten. Erstmals horchte Andrea nach innen, auf ihre eigenen Wünsche. Und sie machte Bekanntschaft mit dem Nein-Sagen. Sie begriff, wenn auch unter Schmerzen, sie war zwar stark und leistungsbewusst, aber auch sensibel.

Ein Jahr war sie krankgeschrieben. Nach langen Phasen der Suche und Neuorientierung änderte sie ihren Aufgabenbereich; sie entschied, wie viel sie arbeiten mochte und auch konnte, ohne sich zu schaden. Es war ein Moment des Glücks, als sie in die Therapie kam und erzählte, sie sei jetzt frei. Dreimal hatte Andrea einen gläsernen Aufzug benutzt, auf die Angst gewartet, die nicht kam. Sofort ins Auto, über die Brücke, keine Angst mehr, also in den Supermarkt. Entspannt kaufte sie ein, und sie war erstmals im Leben wirklich glücklich. Andrea spürte, sie war nun mit ihrer wahren Natur verbunden – und konnte die Frage, wie es ihr gehe, jederzeit beantworten.

Indolenz brachte eine Freundin einmal so auf den Punkt: „Die einzig mögliche Sünde besteht darin, nicht auf die innere Stimme zu hören."

Die Hypochondrie ist der Indolenz in der Weise ähnlich, dass auch hier die Frage nach dem inneren Zustand auf einem Nebenschauplatz beantwortet wird. Die seelische Not wird auf den Körper verschoben und dort erlebt. Es geht mir immer schlecht, aber ich werde nie erfahren warum.

Hier betreten wir das weite Feld der sogenannten *Somatisierungsstörungen*, die im Grunde darin bestehen, dass mehr oder minder symbolisch innere Befindlichkeiten im Körper ausgedrückt werden. Der Gewinn besteht darin, dass die körperliche Krankheit in diesen Fällen als deutlich weniger beschämend erlebt wird als der zugrunde liegende Konflikt. Es ist leichter, dem Partner zu sagen, es sei einem übel, als „Ich finde dich zum Kotzen". Auch macht es oft weniger Angst, einen Herzinfarkt zu fantasieren, als die Not zu ertragen, den ungeliebten Partner oder die ungeliebte Arbeitsstelle verlassen zu müssen.

Hypochondrien können ungeheuer dynamisch werden und auf diese Weise bestens verhindern, dass ich mich jemals frage, was eigentlich in mir los ist. Was bedeutet schon Einsamkeit, wenn ich doch sicher bin, an Krebs zu leiden. Was heißt schon meine Trauer angesichts eines drohenden Herzinfarktes. Jetzt angesichts meines drohenden Todes kann ich meine peinigende Perspektivlosigkeit besser ertragen. *Eigentlich weiß ich immer, wie es mir geht, ohne es jeweils wissen zu müssen.*

Sterben … oder leben

Ein beeindruckender Fall von Hypochondrie war Bärbel, eine 32jährige, sehr katholische Pfarrsekretärin. Ihr Leben war überschattet von der Gewissheit, in Kürze an Krebs zu sterben, und jeden Tag verbrachte sie Stunden damit, ihren Körper auf mögliche Tumorsymptome zu un-

tersuchen – die einzige Art der Freizeitbeschäftigung, die ihre höchst anspruchsvolle siebzigjährige Mutter ihr zugestand.

Die Krebsangst war für Bärbel die einzige schuldgefühlarme Möglichkeit, sich von ihrem tiefempfundenen Hass auf ihre Mutter und den damit verbundenen Todeswünschen zu entlasten. Auch konnte Bärbel in ihrer fantasierten Beerdigung symbolhaft betrauern, worum sie sich betrogen fühlte: ihr Lebensglück und ihre Sexualität.

Nach dem Tod der Mutter und in Zusammenhang mit einer hocherotischen Liebesbeziehung vergaß Bärbel, je an Krebs gedacht zu haben.

Im weitesten Sinn ist die Hypochondrie eine Form des Umgangs mit *Angst.* Der Inhalt der Angst wird dabei vom Bewusstsein ausgeschlossen, indem die Angst auf ein Körpersymptom verlagert wird.

4.2 Angst – Ich wage nicht, zu wissen

Betrachten wir nun Spielweisen des Umgangs mit Angst, bei denen die Angst nicht – wie bei der Hypochondrie – komplett auf ein Körpersymptom verlagert, sondern als Wissen latent vorhanden ist. Um nichts in der Welt will ich wissen, wie es mir geht. Ich habe eine Höllenangst davor, zu wissen, was los ist. Innerlich weiß ich es aber sehr wohl. Ich schütze mich durch die magische Idee, ich könnte dieses Wissen vermeiden, indem ich nicht hinschaue und mir einrede, es gehe mir anders, als es mir geht. Vor allem fasse ich den Inhalt meiner Angst nicht in Worte, zumindest nicht in solche, die jemand hören kann.

Beispiele hierfür gibt es zahllose. Da haben wir den Unternehmer, der im Grunde weiß, dass er gescheitert ist, dieses Wissen aber vermeidet, indem er ständig neue Projekte fantasiert, von denen er hofft, sie seien der Deus ex machina, der die Rettung bringt. Da spürt jemand innerlich den Tod und versucht zu entkommen, indem er sich ins Leben stürzt. Da verhält sich ein Partner abweisend und der andere unterstellt ihm eine Krise, um nicht an sich heranzulassen, dass er nicht mehr geliebt wird.

Hinter all dem stehen Überzeugungen wie: *Was ich nicht weiß, macht mich nicht heiß.* Erst was ausgesprochen wird, ist Realität usw. Man setzt auf das Pferd des Nichtbewusstseins, erhält scheinbar Aufschub, um dann umso heftiger abzustürzen.

Süchte

Einer der schillerndsten Bereiche, in denen dieses passiert, ist jener der *Süchte.* Geblendet von der Vorstellung grenzenloser Lust merkt der Raucher nicht, wie groß seine Atemnot wirklich ist, wenn er Treppen steigt. Im äußeren Feld verteidigt er seine innere Blindheit durch massive Angriffe nach außen. Die bösen Anderen lehnen mich in meiner zentralen Identität ab. Ich muss mich einfach energisch gegen deren übergriffiges Paktieren mit meiner Gesundheit abgrenzen. Während ich äußerlich kämpfe, vereinsame ich in meinem Trotz. Viele holen dann letztendlich die Dämonen jener Gefahren, die sie nie wahrhaben wollten, ein. Du weißt einfach nicht, wie massiv Du vergiftet bist, weil Du den Zustand vergessen hast, der ohne die Gifte war. Wenn es nicht so tragisch wäre, könnte man darüber lachen, wie auf der gleichen Bühne die Dämonen der Sucht mit unserem um Gnade schreienden Leben ringen.

Wer bin ich denn, dass ich mir mein Grundrecht auf Rauchen verbieten lasse. Andere wurden auch sechsundneunzig und fuhren noch Fahrrad. Ich will einfach nicht zu diesen langweiligen, spießigen Gesundheitsaposteln gehören. Die tollen Leute stehen immer in der Raucherecke, flüstern die Dämonen der Sucht. Doch gibt es da das beobachtende Ich, das den eigenen Verfall wahrnimmt und verzweifelt versucht wegzuschauen, wenn der Körper in die nächste Stufe des Verfalls eintritt.

Eine wunderschöne Analogie zu dieser Thematik bildet König Theodin im *Herrn der Ringe*, der todesnah von dem Intriganten

Schlangenzunge vergiftet wird, bis ihn der weise Gandolf schließlich von den Dämonen erlöst. Erst nach der Erlösung kann er erkennen, wie tief vorher seine Vergiftung war. Bis dahin war ihm der Blick nach innen verstellt. Er spürte keine Angst, weil er voll unter der Macht des Verräters stand. Solche Verräter gibt es viele – übermächtige Väter, intrigante Mütter, ruchlose Geliebte. Allen gemeinsam ist die Erzeugung von Hörigkeit, die uns nach innen erblinden lässt.

Die leere Wohnung

Es gibt noch viele andere Felder, die wir angstvoll meiden, weil wir uns davor fürchten, was wir, wollten wir uns wirklich kennenlernen, erfahren würden.

Hast Du Dich eigentlich schon mal gefragt, wie attraktiv Du wirklich bist und was Du in der Liebe taugst? Hier gehen viele auf einem schmalen Grat über die Hölle ihrer Leistungsansprüche und Versagensängste. Es ist viel gegenseitiger Respekt und Vertrauen erforderlich, um darüber wirklich offen reden zu können.

Klar, dass ein solches Vorgehen der Vermeidung nicht ohne Folgen bleibt. Da ich nicht weiß, was objektiv heiß ist, überfällt es mich, während ich mit geschlossenen Augen auf bessere Zeiten hoffe und damit die Chance, noch etwas zu retten, verpasse. Viele Menschen stehen fassungslos vor ihrer leeren Wohnung, wenn ihr Partner ausgezogen ist. Nie hätten sie das geglaubt. Fragt man nach, stellt man fest, dass die Partner Jahre im Voraus angekündigt haben, dass sie daran denken auszuziehen. Damals wäre vielleicht noch etwas möglich gewesen, jetzt ist es zu spät. Sehr poetisch schildert *George Moustaki* dieses bedrückende Phänomen:

Il est trop tard
by Georges Moustaki

Pendant que je dormais, pendant que je rêvais
Les aiguilles ont tourné, il est trop tard
Mon enfance est si loin, il est déjà demain
Passe passe le temps, il n'y en a plus pour très longtemps

Pendant que je t'aimais, pendant que je t'avais
L'amour s'en est allé, il est trop tard
Tu étais si jolie, je suis seul dans mon lit
Passe passe le temps, il n'y en a plus pour très longtemps

Pendant que je chantais ma chère liberté
D'autres l'ont enchaînée, il est trop tard
Certains se sont battus, moi je n'ai jamais su
Passe passe le temps, il n'y en a plus pour très longtemps

Pourtant je vis toujours, pourtant je fais l'amour
M'arrive même de chanter sur ma guitare
Pour l'enfant que j'étais, pour l'enfant que j'ai fait
Passe passe le temps, il n'y en a plus pour très longtemps

Pendant que je chantais, pendais que je t'aimais
Pendant que je rêvais il était encore temps

Übersetzung durch die Autoren :

Während ich schlief, während ich träumte,
Ging das Leben weiter, es ist zu spät
Meine Kindheit ist so weit dahin, es ist schon morgen
Die Zeit vergeht, ich habe nicht mehr lang

Während ich Dich liebte, während ich Dich hatte
Ging die Liebe fort, es ist zu spät
Du warst so schön, ich bin allein in meinem Bett
Die Zeit vergeht, ich habe nicht mehr lang

Während ich meine geliebte Freiheit besang
Haben andere sie in Ketten gelegt, es ist zu spät
Manche haben sich geschlagen, ich wusste von nichts
Die Zeit vergeht, ich habe nicht mehr lang

Dennoch lebe ich, dennoch liebe ich
Ich singe selbst zu meiner Gitarre
Für das Kind, das ich war, für das Kind das ich machte
Die Zeit vergeht, ich habe nicht mehr lang

Während ich sang, während ich liebte
Während ich träumte, wäre noch Zeit gewesen.

Unser italienischer Freund und Kollege *Antonio Barosi* [4]:

Essere suegli é una scelta
Cosa hai scelto?
I o scelto di essere sueglio ma, sono addormentato.

Bewusst sein ist eine Wahl.
Was hast Du gewählt?
Ich wählte wach zu sein, aber in Wirklichkeit schlafe ich.

Die Sprache der Verleugnung ist vielfältig. Die folgenden Sätze sind Beispiele dafür, wie man scheinbar wach und doch im Tiefschlaf die Zeit verpassen kann in der es für eine Beziehung noch eine Chance gegeben hätte:

Ich will nicht wissen, wie es Dir geht, Geliebte. Wenn ich es schon erfahren muss, weil Du es mir nicht ersparst, will ich wenigstens meine Beunruhigung und meinen Schmerz bzw. meine Angst nicht spüren. Du übertreibst, Du bist verrückt, Du hast Deine Tage. Ich weiß besser, wie es Dir geht als Du selbst. Was Du da sagst, kommt nicht von Dir, das hat Dir Deine Freundin, Dein Freund, Dein Therapeut, etc. eingeredet. Du bist nicht Du selbst, Du meinst nicht, was Du sagst.

Die Wahrheit bahnt sich ihren Weg

Sehr typisch für diese Art der Unbewusstheit aus Angst sind vermiedene Persönlichkeitsanteile wie zum Beispiel Homosexualität. Aus Angst, dieser Eigenschaft und ihren sozialen Folgen nicht gewachsen zu sein, heiraten viele, leben unglücklich in der Familie, führen ein Doppelleben.

All diesen Bemühungen ist gemeinsam, dass der innere Druck zur Wahrheit zunimmt. Auch wenn ich mich nach außen hin verbergen und die Welt erfolgreich belügen kann, bleibe ich immer noch selbst der Zeuge meines Wissens. Der Triebdruck steigt oder auch nur mein Gefühl der Diskrepanz zwischen meiner Fassade und meiner inneren Wahrheit. Dann bricht diese doch durch – mit den entsprechenden Folgen.

Beispielsweise: Das kindliche Selbst als Schattenselbst

Angst ist einer der entscheidenden Hüter der Tabus. Insofern gibt es hier Überschneidungen. Ein wesentlich tabuisiertes Element in unserer Seele ist das, was *C.G. Jung* [31] mit Schatten gemeint hat. Die eigene Wahrheit wird gleichsam halbiert. Ich reduziere mich auf die lichte Seite meiner Identität und vermeide mit allen meinen Kräften alles, was diese Illusion von mir selbst auflösen oder auch nur gefährden könnte.

Dieses Phänomen lässt sich beispielsweise verdeutlichen am Bild des Aufopferungsvollen, stets Umsorgenden, stets Vortrefflichen – wo die bedürftige Seite, die kindliche Seite tabuisiert, gemieden, als Schatten abgespalten wird.

Vom Ende der Kindheit

Ein unbeschwerter kleiner Junge hatte er nie sein dürfen: Seine Mutter hatte ihn körperlich misshandelt. Sie starb, als er elf war, und er vermisste sie nicht. Dem Vater führte er an Mutters statt den Haushalt – bis auch dieser starb. Da war er achtzehn. Er heiratete, zeugte Kinder, trug Verantwortung für Frau und Kinder – jahrzehntelang. Brachte es in seinem Fach der Philosophie zu einer bescheidenden Universitätskarriere, verdrängte seine innere Einsamkeit und Bedürftigkeit, seine Sehnsucht danach, selbst endlich einmal bemuttert zu werden. Bis er diese deutlich ältere Frau traf, die endlich die ersehnte Mütterlichkeit gewährte, mit ihm spielte, um seinetwillen den Flugschein machte. Er verließ für sie Frau und Kinder – und für seine Verhältnisse wurde er mit ihr glücklich.

Doch es kam eine Zeit, in der die Dinge sich wandelten. Es war etwa zehn Jahre später, als er erkannte: Seine Vision von der altruistischen Mutter, die aus dem Füllhorn ihrer überschäumenden Liebe sein inneres Kind nährte, war eine Illusion. Erst jetzt stellte er fest, dass die mütterliche Frau schon lange, – lange, bevor er sie kennen lernte – schwer alkoholkrank war. Dies hatte er zuvor nie bemerkt – brauchte er doch dringend eine intakte Projektion: eine unbedürftige, mütterliche Partnerin.

Ob er nun seinerseits die Bedürftigkeit seiner Partnerin begreift und nun seinerseits diese Frau mütterlich in ihrer Bedürftigkeit unterstützt – sich sozusagen revanchiert für die Jahre des Umsorgt-Werdens? Wie soll er das können? Seine mütterlich-nährende, verantwortungsvolle Rolle in der ersten Ehe ist als Lebenslüge für immer zerborsten – abgelöst vom Rollenmodell des chronisch kleinen Jungen, der eine neue, wirkliche Reife nie entwickelte.

Gleichwohl, es geht auch anders:

Zurück in die Zukunft

Von frühester Kindheit an war er derjenige gewesen, der für die anderen sorgte. Zunächst für seine alkoholkranke Mutter, die ihn um die Kindheit betrog, indem sie ihn schon früh, als Kind, für die Rolle ihres mütterlichen Versorgers vereinnahmte. Mit achtzehn heiratete er, mit einundzwanzig hatte er zwei Kinder und eine mädchenhafte Frau. Er wurde Psychologe. Sein ganzes Studium und sein Arbeitsalltag standen im Zeichen der Fürsorge für die Familie. Jeglicher Raum für seine eigenen kindlichen Bedürfnisse fehlte. Er rettete sich vor seiner Sehnsucht nach der verlorenen Kindheit in ein strenges Pflichtempfinden, in ein Korsett aus Verantwortungsbewusstsein und Verpflichtungen. Analoge Strategien empfahl er auch seinen Patienten.

Dann kam es zur Eruption: Mit über fünfzig lernte er eine zehn Jahre ältere Kollegin kennen, die ihn mütterlich umfing, und das zeitlebens Abgewehrte wurde lawinenartig ins Bewusstsein gespült. Jetzt endlich konnte er sich erlauben zu leben, jetzt endlich fühlte er die Kraft, all den Hass zu fühlen, den er zeitlebens auf seine Mutter gehabt hatte und den er auf seine Frau übertrug. Ungerechterweise machte er sie verantwortlich für sein mütterliches Defizit. Er verließ sie, brach auch den Kontakt zu seinen Kindern weitgehend ab. Erst im Nachhinein, sehr viel später, wurde ihm klar, dass er seine mädchenhafte Frau als „Plombe" auf seiner kindlichen Verzweifelung missbraucht und sie persönlich nie kennen gelernt hatte.

Er zog mit der älteren, der mütterlichen Frau, nach Übersee und verwirklichte dort einen alten Wunsch: Er ging in die Forschung. Auf der symbolischen Ebene formuliert: Er betrat die einst so strenge Welt der Wissenschaft endlich als Kind – um neugierig als Kind in ihr zu spielen.

Wie es den Beteiligten heute geht? Deutlich besser als jemals zuvor. Die über Jahre zwar versorgte, aber ungeliebte Frau fand kurz nach der Trennung endlich einen Mann, der sie wirklich will, um ihretwillen und nicht aus Schuldgefühl, bzw. als Projektionsfigur der lebensuntüchtigen Mutter. Die Kinder profitieren davon, dass der Vater aus dem Kerker übertriebener Pflichterfüllung ausbrach und sie damit aus den Fesseln, die er an sie weitergegeben hatte, befreite. Er selbst darf endlich das Kind sein, das er nie sein durfte und es bleibt abzuwarten, wie sich sein Leben erneut wandeln wird, wenn er im Schutz der mütterlichen Versorgung erwachsen wird.

Angst und Tabu auf kollektiver Ebene: Der Schatten als Sündenbock

Wir finden die Schatten auf jeder Ebene – auf der persönlichen ebenso wie auf der kollektiven. Dort auf der kollektiven Ebene finden wir dieses Phänomen etwa bei den vortrefflichen, den so genannten kollektiven Vorbildern, jenen Menschen, die professionell „gut" sind. Wenn beispielsweise ein berühmter Schriftsteller oder eine anerkannte Person des öffentlichen Lebens die Bedeutung einer moralischen Instanz verkörpern, einen Schattenanteil offenbaren, gerät die Identifikation mit ihnen als den bekanntermaßen Vorbildlichen ins Wanken. Man klammert sich an sie, um das eigene Selbst in dieser Anlehnung vor den Versuchungen der Schattenwelt zu bewahren. Sie geraten in die Gefahr, als Sündenbock geopfert zu werden.

Das *Sündenbock-Phänomen* ist eine probate gesellschaftliche Form, die eigene Schattenwelt symbolisch zu verbannen: Der nie endende kollektive Versuch, den Schatten woanders unterzubringen und ihn so auszuschalten.

Dank des Schattens und des Sündenbocks wissen wir stets, wo und was das Böse ist und wo es auf keinen Fall ist und sein darf. Ein Phänomen, das sich im Mikrokosmos der einzelnen Seele ebenso abspielt wie im Kollektiv.

TEIL III

DURCHBRÜCHE – UNTERWEGS ZU UNS

5. „Wie geht es mir?" – Meiner selbst inne werden

Der konstruktive, liebende Umgang mit jener Seite in uns allen, für die sich in den letzten Jahrzehnten die Vokabel ‚das innere Kind' eingebürgert hat, dürfte demnach eines der wesentlichen Entwicklungsziele der meisten Menschen sein.

5.1 Durchbruch: Der Blick in den Spiegel wird aushaltbar

Die Erfahrung immer tieferer Ebenen von Wahrheit gehört in der Regel zu den eindrucksvollsten Erlebnissen im Verlauf einer ganzen Biografie. Immer wieder stehst Du verblüfft vor Deiner neuen Identität. „Wenn mir vor 20 Jahren jemand erzählt hätte, dass ich heute dies oder jenes tue, denke oder fühle, hätte ich ihn glatt für verrückt gehalten", denken viele in derartigen Situationen. Da wir wesentliche Anteile unserer Gesamtpersönlichkeit, mittels Vermeidung, aus Angst und Scham sogar vor uns selbst verbergen, sind wir oft über uns selbst überrascht, wenn wir uns dieser unserer tiefen, eigenen Wahrheit mit wachsender Reife, manchmal aber auch scheinbar zufällig, nähern. Andererseits will oder soll endlich ins Bewusstsein drängen, was man im Kern schon ahnte. Damit die Wahrheit aber überhaupt Zugang zum Bewusstsein bekommen kann, ist es notwendig, dass die Abwehrmechanismen schwächer werden, oder aufgegeben werden können. Dies ist ohne die Gefahr, Schaden zu nehmen, nur möglich, wenn das Ich, das die Grundlage unserer Selbsterkenntnis bildet, tragfähig genug ist auszuhalten, was uns der Blick in den Spiegel bietet.

Unsere Frage differenziert sich hier in der Weise, dass es darum geht, wie es mir mit dem geht, was ich nun zusätzlich über mich erfahre. Der unvermeidbare Blick in den Spiegel, der auf ein Ich trifft, das die Wahrheit noch nicht ertragen kann, ist eine der häufigsten Ursachen für eine narzisstische Depression. Der psychotherapeutische Alltag ist voll mit Patienten, deren Selbstbild angesichts einer Lebenskrise zusammenbricht. Sie entgleisen depressiv in der Vorstellung, dass nun die Katastrophe eingetreten ist, vor der sie sich ein Leben lang fürchteten: „Jahrzehnte lang ist es mir gelungen, die Welt zu täuschen, nun wurde ich entlarvt".

Bei einem tragfähigen Ich verläuft der gleiche Prozess ganz anders. Hier nähert sich der Mensch im Schutz einer dosierten Lockerung seiner Abwehr Schritt für Schritt, aber durchaus neugierig und offen gegenüber einer zunehmenden Erkenntnis seiner verleugneten Seiten.

Die Tatsache, dass alles Wesentliche in der menschlichen Seele aus Polaritäten besteht, wandelt sich von der Theorie immer stärker zur erlebten Wirklichkeit. Der Pedant nähert sich seiner chaotischen Seite, der Moralist seiner Unmoral, der Pazifist entdeckt seine Aggressionen. Praktisch alle Stärken und Schwächen werden in der Seele von ihrem Gegenstück geerdet, und indem wir diese Gegenwelten in uns annehmen und integrieren, spüren wir, dass unser Selbst erst dadurch plastisch, lebendig und persönlich wird, dass es alle Anteile beinhaltet.

Die heilende Krise

Er ist ein erfolgreicher junger Manager, und er steht an der Schwelle eines weiteren steilen Aufstiegs in seinem Konzern. Doch anstatt seinen

Erfolg zu feiern, sucht er, zutiefst beunruhigt, bei mir psychotherapeutische Hilfe. Sein Vertrauen in sein Leben ist zerstört. Er hat, für sich selbst völlig unerwartet, beim Autofahren einen Panikanfall erlitten, hat urplötzlich Todesängste ausgestanden.

Er sieht keine Gründe für diese Panik. Er führt eine glückliche Ehe, hat zwei Kinder, die er von Herzen liebt. Im Job erfährt er Anerkennung und Wertschätzung. Gemessen an seinem Alter verfügt er bereits über eine nicht unbedeutende Positionsmacht. Warum wird ein solch privilegierter Mensch von Ängsten überschwemmt?

Der Grund dafür liegt darin, dass er den Blick in den Spiegel nicht erträgt und ihn unter großem Aufwand vermeidet. Er versucht, der Welt vorzuenthalten, was er doch mit Entsetzen ahnt: die Überzeugung, dass er sein Leben nicht verdient hat, dass seine Kompetenz in vielen Bereichen den Rollenerwartungen, die an ihn gerichtet werden, nicht gerecht wird. So belegt er beispielsweise eine Führungsposition, die normalerweise durch Akademiker besetzt ist. Er selbst verfügt jedoch nur über einen Realschulabschluss und eine kaufmännische Lehre. Er könnte nun stolz darauf sein, als Nicht-Akademiker eine solche Karriere hingelegt zu haben. Doch er erlebt die fehlende akademische Ausbildung als Makel und er hat nichts unversucht gelassen, um diesen vermeintlichen Makel vor seinen Kollegen, insbesondere jenen auf gleicher Ebene, zu verbergen. Angesichts der Beförderung droht sein instabiles Konstrukt zu zerbrechen. Die befürchtete Bloßstellung im Kollegenkreis bildet einen wesentlichen Teil seiner Panik.

Ein weiterer Aspekt seiner Angst entsteht daraus, dass er die akademische Ausbildung, die ihm fehlt, idealisiert. Er wird gequält von Versagensängsten: Er kann dem beruflichen Anspruch ohne diese idealisierte akademische Ausbildung ja gar nicht gerecht werden. Dies wiederum lässt massive Existenzängste in ihm entstehen – wobei er sich weniger um sich selbst sorgt, als darum, dass sein Scheitern die Familie, die völlig von ihm abhängt, in Not bringen würde. Seinen Kindern ein verlässlicher Vater zu sein, ist eines seiner tiefsten Anliegen überhaupt. Wenn er aber seine berufliche Rolle nicht erfüllt, wird die Familie in

Not geraten. Dies fühlt sich an wie der Tod, der sich in seinen Panikanfällen als unmittelbare Bedrohung zeigt.

Begleiten wir diesen jungen Mann ein Stück weit bei seinen ersten Blicken in den Spiegel.

Gemeinsam in den Spiegel schauen

Zunächst führte schon allein schon die Tatsache, dass er es wagen konnte, seine Ängste einzugestehen, zu einer massiven Verringerung seiner Panikanfälle.

Mit einem weiteren Schritt wurde ihm klar: In seinen Kindern erkannte er sein eigenes verlassenes, inneres Kind. Er selbst war ein vom Vater verlassenes Kind: Sein Vater starb, als er dreizehn Jahre alt war – was er bis zum Auftreten der Panik nicht ausreichend hatte betrauern können. An die Stelle der Trauer traten damals die Identifikation mit dem Vater und die Sorge für die unversorgte Mutter und die schwachen Geschwister. Er bewahrte den Vater für sich, indem er dessen Rolle übernahm. So versorgte er zwar die Familie; er selbst blieb jedoch in seinem Inneren unversorgt.

Um diesen kleinen Jungen in seinem Inneren versorgen zu können, ist es erforderlich, ihn kennen zu lernen. Er muss also die Frage stellen ‚Wie geht es mir selbst?' und interessiert nach innen blicken. Dies erfordert manchmal eine gewisse Zeit, weil die unversorgten Anteile in unserem Inneren gelernt haben, uns zu misstrauen. Sie wagen oft nicht, sich zu zeigen. Ist dieses Vertrauen aber hergestellt, kannst Du lernen, Deinem inneren kindlichen Selbst ein immer besserer Vater oder eine immer bessere Mutter zu werden. Bei unserem Klienten bedeutet dies, dass er seine große väterliche Liebe, die er in Identifikation mit seinem toten Vater stets seinen Angehörigen gab, nun auch sich selbst zur Verfügung stellt. Dies gibt ihm die Kraft seinen toten Vater zu betrauern und ihn in der Tiefe seiner Seele in den Tod zu entlassen. Er ist nun sein eigener Vater.

Er kann sich selbst vertrauensvoll anblicken und dem ängstlichen kleinen Jungen in seinem Kern vermitteln, dass er ihn beschützt und an ihn glaubt.

Aushaltbar wurde für den Mann der Blick in den Spiegel, indem der Therapeut mit seiner Kraft hinter ihm stand und so für kurze Zeit zur Verfügung stellte, was der Vater ihm nicht mehr geben konnte.

Ohne Begleitung durch einen Therapeuten oder Coach kann der Blick in den Spiegel hochbedrohliche Gefühle auslösen, die meist mit der Vorstellung zusammenhängen, man selbst oder eine wichtige Beziehung lägen in Scherben. Tröstlich kann es sein, sich dabei klarzumachen, dass der Tod in der Regel der Vorläufer der Auferstehung ist.

5.2 Liebe zu mir selbst

In gewisser Weise ist die geschilderte Selbstannahme ein wesentliches Element auf dem Weg zu einer umfassenden Liebe zum eigenen Selbst. Dabei ist es besonders wichtig, die Verantwortung für diese Liebe zu sich selbst in die eigene Seele zurückzuverlagern. Es geht darum, die kindlich bedürftige Seite zu adoptieren, statt deren Befriedigung von Partnern, Vorgesetzten oder wem auch immer zu erwarten. Gerade die letztere Vorgehensweise führt oft zu massiven Beziehungskatastrophen.

Kein Chef ist wirklich willig, bedürftige Mitarbeiter emotional zu ernähren. Wird dies dennoch an ihn herangetragen, kann auch ein gutwilliger Chef, angesichts der Unangemessenheit des gefühlten Anspruchs, aggressiv und ablehnend reagieren.

Extrem deutlich wird dieses Phänomen in der Beziehung vieler Frauen zu ihren Männern. Wenn eine Frau erlebt, dass der Mann in eine kindliche Position geht und um mütterliche Versorgung bittet, verliert sie ihren erotischen Bezug zu diesem Partner, fühlt sich verlassen und wird oft wütend. Umgekehrt ist es häufig nicht so. Dies liegt daran, dass in unserer Kultur der Frau ein gewisses Regressionsprivileg zugestanden wird, das vereinfacht ausgedrückt, damit zusammenhängt, dass pseudoinfantile Verhaltensweisen zum Repertoire der weiblichen Verführung gehören. Der Sinn dieser atavistischen Verhaltensweise liegt in der Überprüfung, ob der begehrte Mann willig und in der Lage ist, nährende Elternfunktionen bei der Aufzucht des möglichen Nachwuchses zu übernehmen. Oft merken Menschen ihre regressiven Anteile lange Zeit nicht, sind geradezu empört, wenn sie damit konfrontiert werden.

Es ist selten, dass eine Frau einem Mann einen Seitensprung nicht verzeiht, wenn sich dieser auf einer reifen sexuellen Ebene abspielt. Findet die Nebenbeziehung aber auf einem regressiven Niveau statt, kann dieser Umstand die Beziehung der Frau zu ihrem Partner dauerhaft zerstören. Dabei ist es fast gleichgültig, wohin diese Regression geht, ob es sich dabei um eine Geliebte, ein Computerspiel, eine Freundschaft oder einen Job handelt. Die immer gleiche Reaktion besteht in der Verachtung des Mannes, der von seiner Partnerin verlangt, was er innerlich für sich tun müsste.

In der Liebe ankommen

Christine kam in die psychotherapeutische Praxis, weil sie die tiefen Verletzungen, die sie über Jahrzehnte in ihrer Ehe erlitten hatte, nicht länger ertragen konnte. Die Verletzungen bestanden darin, dass ihr Mann Heinz gerade in empfindlichen Phasen der Beziehung – zum Beispiel während ihrer Schwangerschaften und damit im Umfeld der Geburten ihrer Kinder – Liebschaften zu anderen Frauen aufnahm. Erschwerend kam hinzu: Heinz pflegte sich in ausgesprochen expansive Frauen zu verlieben, die bis ins Haus der Patientin vordrangen und von ihr verlangten, endlich ihren Mann freizugeben, der längst nicht mehr in ihrer Beziehung, sondern in der der Geliebten sei.

Heinz ließ sich – auf der Grundlage der trotz allem spürbaren Lie-

be zwischen den Ehepartnern – immer wieder in die Familie zurückziehen, wozu Christine, deren Sexualität lange jeden freudigen Aspekt verloren hatte, ihn, wie sie es ausdrückte, „in der Rolle der Hure" wieder vereinnahmte.

Christine fühlte sich zunehmend wertlos, abhängig wie ein kleines Kind. Heinz wiederum erschien sie im Gegenzug wie die klassische zornige Rachegöttin, die ihn mit ihrer Wut verängstigte und ihn wieder in die Arme anderer Frauen trieb, die ihn trösteten. Beide erlebten sich in der Rolle verängstigter Kinder, projizierten in den Partner eigene Allmachtsvorstellungen.

Obwohl Christine objektiv gesehen eine kraftvolle Frau war, hatte sie jedes Selbstbewusstsein verloren. Umso wichtiger war es, dass sie im Schutz der Therapie wagte, sich ihrer Weiblichkeit zu stellen. In einer Frauengruppe lernte Christine andere Frauen, die früher für sie nur Rivalinnen gewesen wären, als Verbündete kennen und fand so Zugang zu der Urgewalt ihrer weiblichen Kraft. Endlich nicht mehr in der Rolle der Bittstellerin und der gedemütigten Ehefrau, sondern im Vollbesitz ihrer weiblichen Würde, war Christine nun in der Lage, ihren Mann zu bitten, mit ihr auf die Suche nach der gemeinsamen Liebe zu gehen.

Heinz reagierte angstvoll und reserviert. Obwohl auch er objektiv gesehen ein attraktiver und erfolgreicher Mann war, war er seiner Frau gegenüber unsicher und ängstlich. Dies lag nur zum kleineren Teil an den Schuldgefühlen wegen seiner Seitensprünge. Bedeutsamer war seine eigene, in die Kindheit zurückgehende Geschichte: der Umstand, dass Heinz durch die Vereinnahmung von der eigenen Mutter massiv verletzt ins Leben gegangen war. Seine Seitensprünge waren für ihn ein Akt der Befreiung. Es galt für ihn, diesen Befreiungsakt immer wieder zu vollziehen und so seiner Angst vor der endgültigen Verschlingung durch das Weibliche zu begegnen.

Trotz dieser schweren Konflikte: Heinz hatte Christine immer geliebt und er fühlte sich zutiefst angesprochen durch ihre neue Position, die weder unterwürfig noch vorwurfsvoll, sondern ummittelbar bezogen war.

Heinz und Christine wagten die Teilnahme an einer tantrischen Paargruppe. In einer solchen Gruppe liegt der Schwerpunkt der Arbeit darauf, Paaren zu helfen, ihre sexuelle Energie miteinander besser ins Fließen zu bringen. Gerade bei diesem Paar bot sich diese Arbeit als der sinnvollste und ummittelbarste Zugang an, da beide fast alle wesentlichen Verletzungen im Bereich ihrer Sexualität erlitten hatten. Gleichzeitig war die Liebe der beiden zu einander noch stark genug, um in einer geeigneten Situation die sexuellen Wunden heilen zu können. Sie sind heute ein zutiefst freudiges, glückliches Liebespaar.

Die Grundvoraussetzung dieser Paargeschichte: Christine lernte, in den Spiegel zu blicken, sich zu erkennen, sich mit sich selbst zu versöhnen und auf diese Weise eine neue Liebebeziehung zu sich selbst aufzubauen.

Um das Problem dieses Paares zu verstehen, eignet sich das Präsenzdreieck besonders gut. Lass es uns gemeinsam nutzen und den Prozess von Christine betrachten.

1. Am Anfang sah Christines Präsenzdreieck folgendermaßen aus:

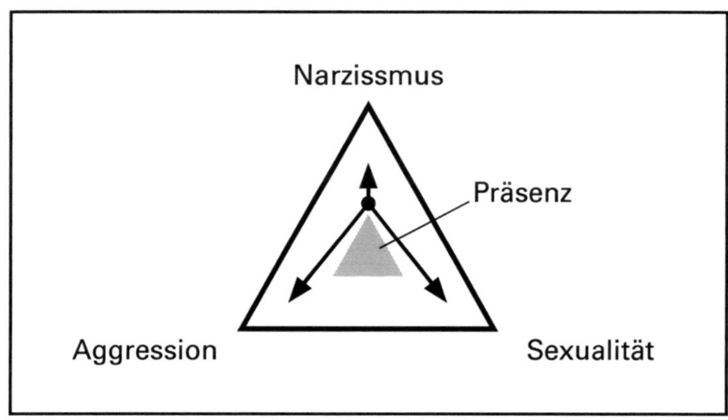

Abb. 3: Präsenz-Dreieck: Vermeidung von Präsenz durch extremen Narzissmus [Krahé/Weigt]

Christine war wie ein verletztes Kind: mit blutenden Wunden, traurig resigniert und vereinsamt in sich selbst versunken. Sie war viel zu hoffnungslos, um für sich selbst in die Offensive gehen zu können. Sie war praktisch eingefroren in ihrem verletzten Selbstwert, zurückgezogen in die Welt ihrer narzisstischen Kränkung. Aggression stand ihr kaum zur Verfügung und die Sexualität bedrohte sie mit neuen Verletzungen. Das bedeutete, dass sie nicht nur selbst keine positive Sexualität empfand, sondern sich außerdem angstvoll vor der Sexualität in sich zurückzog.

2. In der nächsten Phase erkannte Christine ihre Weiblichkeit und die Unterstützung durch die anderen Frauen als einen Ausweg aus der narzisstischen Isolation. Der Sog der Kränkung ließ nach und ihr Selbstwert erstarkte weit genug, so dass eine konstruktive Aggression erwachen konnte. Das heißt, sie konnte aus der destruktiv gekränkten Vorwurfshaltung aussteigen und ihre Aggression wieder in den Dienst ihrer eigenen Bedürfnisse und Ansprüche stellen. Dieses machte es erst möglich, dass Christine ihrem Mann neu gegenübertreten konnte.

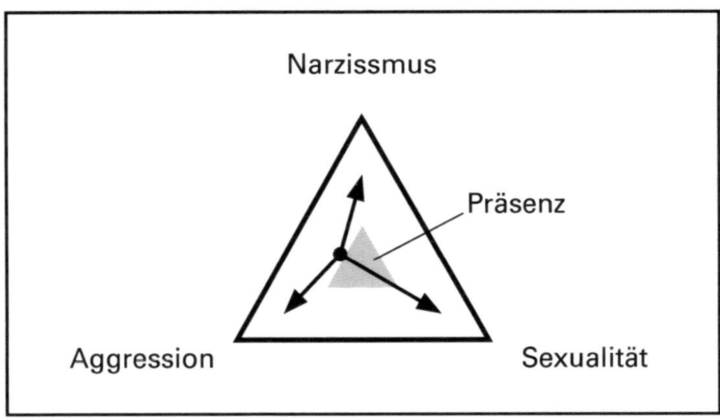

Abb. 4: Präsenz-Dreieck: Vermeidung von Präsenz durch fehlende Sexualität [Krahé/Weigt]

3. Ein wesentlicher Teil ihrer Einladung an Heinz bestand darin, zu versuchen gemeinsam die verlorene Sexualität wiederzufinden. So erstarkte die Sexualität als Trägerenergie und gewann die Kraft, den Fokus der Präsenz ins Zentrum des Dreiecks zu verschieben.

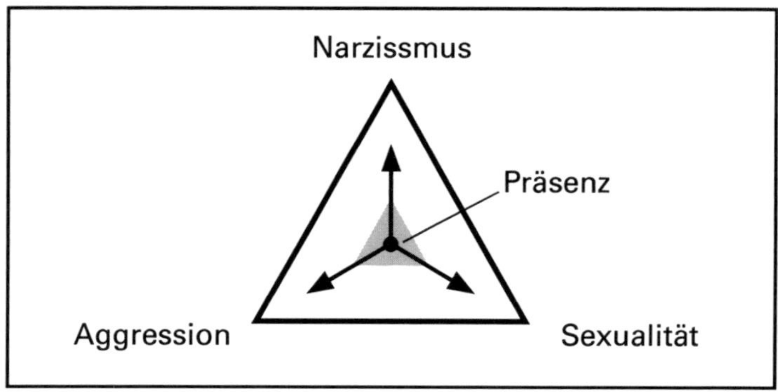

Abb. 5: Präsenz-Dreieck: Präsenz [Krahé/Weigt]

Durch Christines Einladung und durch den Umstand, dass Heinz die Einladung angenommen hat, konnten beide nach langer Zeit wieder spüren, dass sie am gleichen Strang zogen, ein gemeinsames Interesse hatten, und dass dieses Interesse ihre Liebe war. Dort angekommen, war es dann möglich, einander nach vielen Jahren endlich wieder zu sehen.

Zentral: Der liebende Umgang mit dem „inneren Kind"

Die Liebe zu sich selbst ist einer der wesentlichen Bewusstseinschritte beider Geschlechter. Sie ist verbunden mit einem realen Erkennen des eigenen Soseins und der Entwicklung einer zunehmenden Achtsamkeit und Wahrhaftigkeit in Bezug auf die eigenen Prozesse. Positive Eigenliebe ist ein stilles Phänomen, das nichts zu tun hat mit lärmender Egozentrik. Selbstliebe ist die Reaktion des inneren, gütigen, liebevollen, aber strukturierten Erwachsenen, der mit dem Realitätsprinzip verbündet ist und für sein bedürftiges inneres Kind sorgt. Anders gesagt: Außerordentliche Bedeutung in Liebesbeziehungen hat der achtsame Umgang mit dem inneren Kind.

Der konstruktive, liebende Umgang mit jener Seite in uns allen, für die sich in den letzten Jahrzehnten die Vokabel „das innere Kind" eingebürgert hat, dürfte demnach eines der wesentlichen Entwicklungsziele der meisten Menschen sein. Es geht um das, was *Arno Gruen* offenbar mit dem verschütteten und abgespaltenen Autonomieanteil meint. Es erscheint sehr wesentlich, diesem Anteil mit Geduld, Respekt, aber auch Zärtlichkeit zu begegnen, um die inneren Barrieren gegen die Bewusstwerdung dieser Anteile auftauen zu lassen. Dein inneres Kind muss einfach lernen, Dir wieder zu vertrauen und Dir zu glauben, dass Du willig und fähig bist, endlich eine fürsorgliche Haltung diesem Anteil Deiner Selbst gegenüber einzunehmen.

Liebe Dich selbst, dann wirst Du ernst genommen

Ihre Kindheit war lieblos und schnell vorüber. Alles, was Bärbel blieb, war die Erinnerung an ihren geliebten, früh verstorbenen Vater, den sie innerlich nie losließ und nie betrauerte. Nach seinem Tod lastete die Verantwortung für die Mutter und die Geschwister auf ihr. Das Leben wurde Pflicht und Durchhalten in der Not.

Als sie dann als junge Frau auch noch ein behindertes Kind gebar, wurde klar, dass auch jenseits der Kindheit für ihre bedürftigen Anteile nie Raum sein würde. Da sie sich außer von ihrem Vater nie wirklich geliebt fühlte, konnte sie auch nicht lernen, sich selbst zu lieben. So entwickelten sich dann die sich wie ein roter Faden durch ihr Leben ziehenden Beziehungen, in denen sie stets die Gebende ist: Stets fühlt sie sich emotional ausblutet, sexuell bedrängt, zu Tode erschöpft – und wird schließlich verlassen. Dazu kommt: Im Grunde kann sie sich auch gar nicht wirklich einlassen. Tief in ihrem Inneren ist sie wie eine Ehe-

frau an ihren toten Vater gebunden und empfindet es als Verrat, sich einem anderen Mann wirklich hinzugeben.

Der hier nötige Trauerprozess wird erst in dem Ausmaß möglich, in dem Bärbel lernt, den verlorenen Vater und die bedürftige Mutter durch eigene kompetente innere Instanzen zu ersetzen. Sie ermöglichen es ihr, sich selbst in ihrer kindlichen Bedürftigkeit anzunehmen und zu lieben.

Die Stärkung der Selbstliebe ist ein Prozess. Im Kern geht es meist darum, die emotionale Bedürftigkeit, die bislang – etwa an Partner und Kinder – delegiert wurde, *in sich zurückzunehmen* und für sich selbst eine unterstützende, tragende mütterliche Position einzunehmen. Auf diese Art wird auch die Erotik zu *eigenem Reichtum*, zu Eigentum, über das jeder autonom, auf der Grundlage tiefer Liebe zu sich selbst verfügen kann.

5.3 Die Grundsituation: Zwei Kinder schauen nach oben

Bärbel, von der oben die Rede war und ihr Partner Albert stoßen wie viele Menschen immer wieder auf die Erkenntnis, dass die Nähe, nach der beide sich sehnen, immer wieder zerbricht. Wenn sich die beiden fragen, „Wie geht es mir?“, ist die Antwort ganz häufig: „Ich bin einsam. Ich komme nicht an sie/ihn heran“. Wir liegen engumschlungen beieinander und berühren einander doch nicht. Viele Menschen bewältigen diesen Umstand, indem sie den Partner oder Kollegen für diesen Zustand verantwortlich machen und ihn verteufeln oder austauschen. Andere hoffen jahrzehntelang und wider alle Vernunft, dass der Partner sich ändert. Sie hoffen darauf, dass er ihnen irgendwann die Glückseligkeit schenken wird, wegen deren Verheißung man sich einst mit ihm verband.

Dieses trifft nicht nur für Partnerschaften zu. Auch Teams im Businessbereich schauen einander oft mit fragenden Augen an, weil keiner begreift, dass das offensichtlich Gute, das doch so mühelos möglich scheint, einfach nicht umgesetzt wird.

Wenn man das auf der Paarebene, beispielsweise bei Bärbel und Albert, betrachtet, lässt sich eine typische Grundsituation so skizzieren: Beide sind so intensiv mit der Aufrechterhaltung ihres Selbstwertgefühls beschäftigt, dass sie den anderen allenfalls dazu benutzen können, sich selbst zu stabilisieren. Sie haben beide keine Energie übrig, um den anderen als das Wesen wahrzunehmen, das er ist. Er soll ihr vielleicht Status, öffentliche Reputation und Schutz bieten. Sie braucht ihn als „ganzen" Mann. Er soll ihre Erotik ansprechen und sie damit ihrer weiblichen Identität versichern, dabei aber selbst keine Bedürftigkeit verkörpern. Er wiederum braucht sie zum Augleich seiner Defizite. Sie soll als schöne Frau seinen Auftritt in der Öffentlichkeit aufwerten. Er braucht sie als Objekt seiner erotischen Phantasien und er wünscht von ihr, dass sie – als Nachfolgerin seiner Mutter – ihn wie ein Kind verwöhnt. Sehr wichtig dabei ist der unerfüllbare Anspruch, dass sie ihn zwar wie die Mutter nährt, ihn aber gleichzeitig als Mann im sexuellen Sinne annimmt und ihn damit aus der Verschlingung mit dem Mütterlichen erlöst.

Was beide gemeinsam haben ist, dass sie sich aus einer kindlichen Position an die erwachsenen und elterlich versorgenden Anteile des Partners wenden. Im Grunde kann man sagen, zwei Kinder schauen nach oben, wo sie den Partner ersehnen, den sie gleichzeitig verpassen, da er auf Augenhöhe in seiner Bedürftigkeit der eigenen Bedürftigkeit gegenüber steht.

In der Beziehungssehnsucht der meisten Paare zeigt sich das Ahnen einer Begegnung, die aus der Begrenztheit des eigenen Ich-Erlebens, mit dem Ziel einer tieferen existenziellen Vereinigung auf einem höheren, transpersonalen Niveau, erlöst. Leider besteht die Beziehungsstrategie fast immer darin, die Vereinigungsphantasie in eine Verschmelzungsidee zu wandeln und zu versuchen, sie auf regressiv symbiotischem Niveau zu befriedigen. Statt in die Fülle stürzt eine solche Beziehung in die Leere. Dies liegt unter anderem daran, dass auf der regressiven Ebene beide in der nehmend-passiven Rolle sind, und das Geben an den Partner delegieren, der damit überfordert ist.

6. „Wie geht es Dir?" – Frag es richtig!

An der Schnittstelle einer Begegnung hängt viel davon ab, dass ich mir achtsam und mutig die Genehmigung zur Begegnung abhole. So ermögliche ich dem Gegenüber Ehrlichkeit, bei der ich mich wiederum fragen muss, ob ich ihr gewachsen bin.

6.1 Grenzüberschreitungen, oder: Darf ich überhaupt fragen?

Mein Traum gehört mir

Es war ein schöner Tag, der dritte eines Teamcoachings. Ich fühlte mich gut verbunden mit den Teilnehmern und kam fröhlich in den Frühstücksraum. An einem Zweiertisch, an dem schon ein Platz besetzt war, begrüßte ich Paul, einen der Teilnehmer, mit dem Satz: „Na Paul, was hast Du geträumt heute Nacht?" Paul sah irritiert auf: „Ich weiß es nicht, aber wenn ich es wüsste, würde ich es Dir nicht erzählen!"

Trotz bester Absichten: Manches Ansinnen an Vertrautheit wird von der jeweiligen Beziehung noch nicht getragen.

Eine innige Begegnung ist entweder ein temporärer Glücksfall oder, wesentlich häufiger, das Resultat einer langen, kraftvollen und anstrengenden Arbeit an der Beziehung. Dabei ist das letztendlich Schwierigste: Die Distanz, welche die Menschen reflexartig zueinander einnehmen, im Dienst der Liebe zu überwinden.

In Anlehnung an eine Bemerkung *Otto Kernbergs*[8] könnte man sagen: Liebe ist der kurze Moment, in dem die Partner ihre Scham voreinander aufgeben. Meist wird versucht, die Distanz im Dienste der Liebe aufrecht zu erhalten. Die Empfindlichkeiten der Beteilig-

8 Anlässlich einer Tagung zum Thema Erotik.

ten werden geschont. Dafür muss die Frage: „Wie geht es Dir?" sorgfältig dosiert und manchmal im Wissen um die Antwort unterlassen werden.

Liebe braucht Offenheit

Ein Mann aus wohlhabendem Hause heiratete eine Unternehmerstochter, die ihren Eltern und Geschwistern sehr liebevoll verbunden war, gleichsam in einer mütterlichen Position zu ihrer Familie stand. Als das elterliche Unternehmen insolvent wurde, wollte die Frau ihren Angehörigen helfen, was sie nur konnte, indem sie erhebliche finanzielle Mittel, finanziert aus dem Vermögen ihres Mannes, den Eltern zur Verfügung stellte. Jeder in der Familie wusste davon. Dennoch wurde entschieden, den Eltern die Demütigung zu ersparen, öffentlich einzugestehen, dass sie von ihrem Schwiegersohn „ausgehalten wurden". Man verfiel auf ein Verschleierungs-Arrangement: Der Schwiegersohn überwies das Geld auf das Konto seiner Frau, die es dann an ihre Angehörigen weiter überwies.

Was geschah?

Auf allen drei Seiten kam es zu immer stärker werdender Aggression. Die Frau entwickelte Schuldgefühle, weil sie das Gefühl hatte ihren Mann auszubeuten, und zunehmende Wut, weil sie sich von ihren Eltern ausgebeutet fühlte, die scheinbar das Geld nahmen und sich weiterhin finanziell unverantwortlich verhielten.

Die Eltern empfanden ihre Situation als demütigend und wandelten ihre Scham in Aggression gegen den Schwiegersohn, dem sie doch alles verdankten.

Schließlich spürte der Mann Gefahr, er fürchtete von den Schwiegereltern mit in den Untergang gerissen zu werden. Er entwickelte eine massive Abgrenzungswut gegenüber den Schwiegereltern, die er, um seine Frau nicht zu verärgern, nicht zu äußern wagte. Auch vermisste er bei seiner Frau – angesichts deren Anhänglichkeit an das Elternhaus – die Loyalität ihm gegenüber.

Es kam zur Krise. Und deutlich wurde: All dieser Hass und all diese Verzweifelung lebten davon, dass sie nicht in das Licht einer realen Kommunikation geführt werden durften. Nach der Krise gab es ein klares Bekenntnis der beiden zu einander, in dem beide ihre Bereitschaft ausdrückten, den Angehörigen der Frau zu helfen, allerdings in klaren und für beide verlässlichen Grenzen. Er fühlte sich in diesem Arrangement wohl, weil er, wenn er den Strudel nicht fürchten musste, gerne half. Auch die Schwiegereltern überwanden die Scham. Sie bekannten ihre Not, was es ihnen ermöglichte, sich nunmehr in der Zuneigung der Familie angenommen und aufgehoben zu fühlen.

Offenheit und Liebe sind in aller Regel für einander unabdingbar.

Das Passwort

Wie schon die Überschrift nahe legt, ist die erste Grundfrage auf der Reise zum anderen eine Frage der Erlaubnis. Fast ist es wie bei einem Computer: Wir stellen die Frage: „Wie geht es Dir?“ und auf dem Monitor erscheint eine Maske, die nach einem Passwort verlangt. Oft ist eine Begegnung nach drei falschen Eingaben gescheitert.

Konkret erfährt man diese Thematik bei jeder privaten oder beruflichen Begegnung, sobald diese über den Austausch völlig unverbindlicher Klischees hinausgeht. Zwar sehnt sich im Kern vermutlich jedes lebende Wesen von der Zimmerpflanze bis zu Deinem Chef danach, wahrgenommen zu werden, mit zunehmender Differenziertheit wird es jedoch für das Gegenüber beängstigender, seine äußeren Klischees aufzugeben und damit als „Du“ sichtbar zu werden. Wenn Du also jemand auf der unverbindlichen Ebene fragst: „Wie geht es Dir?“ wäre meistens seine Gegenfrage: „Willst Du das wirklich wissen?“. Meist wird diese Frage – in der Regel zur Erleichterung beider – verneint. Die Frage: „Wie geht es Dir?“ ist damit belanglos, und man wendet sich wieder von einander ab.

Wenn Du es aber wirklich wissen willst, dann kommt die erwähnte Frage nach dem Passwort, d. h. Du brauchst seine echte Erlaubnis, Dich mit ihm auszutauschen. (die beinhaltet, in welchem Umfang und über welche Themen Dein Gegenüber Auskunft zu geben bereit ist. Beispielsweise sind viele Menschen viel eher dazu bereit, über ihre Ängste zu reden, z. B. davor, dass die Welt untergeht, als über Sexualität. Ein Gespräch über Sexualität wiederum ist häufig weniger intim als über Geld. Manchmal ist es auch umgekehrt. Es gibt bei jedem Menschen eine persönliche Hierarchie von Tabuthemen.

6.2 Am Anfang steht die Achtsamkeit

Wenn Du die Frage ohne die Erlaubnis Deines Gegenübers stellst, missachtest du seine Grenzen. Wenn dein Gegenüber dennoch antwortet, weil er sich beispielsweise nicht wehren kann, hat dies oft fatale Folgen für die Beziehung. Der Andere empfindet Dich dann als übergriffig und entwickelt eine starke Abgrenzungswut, die ihm mehr oder weniger bewusst sein kann. Wenn er nicht in der Lage ist, diese Wut zu äußern, entwickelt sich eine dauerhafte Störung in Eurer Beziehung.

Dieser Beginn einer Begegnung, also die Phase der Erlaubnis, ist einer jener wenigen Augenblicke im Kontakt mit Menschen, der am stärksten auf Achtsamkeit angewiesen ist. Diese Achtsamkeit hat vor allem dic Funktion, genau hinzuspüren, wo die Grenzen des Gegenübers liegen und diese dann zu beachten. Hierin liegt ein häufiger Grund für Missverständnisse. Sie entstehen, weil ich nicht auf die Grenzen des Anderen achte, sondern stattdessen von meinen eigenen Grenzen auf die Seinen schließe. Natürlich ist ein Kontakt umso befriedigender, je intensiver beide wagen, sich zu öffnen, d. h. Grenzen frei zu geben. Aber, um es nochmals zu wiederholen: Voraussetzung ist die Erlaubnis.

„Räum dein Zimmer auf!"

Es war schwer, den Sohn dazu zu bewegen, sein Zimmer aufzuräumen. Und eines Tages reichte es dem Vater. Er räumte das Zimmer auf: Rigide kam Papier zu Papier, Spielzeug zu Spielzeug, in Regale, Schachteln, Schubladen. Er ließ, wie er sich später zu seiner Scham eingestand, seinen autoritären Persönlichkeitsanteilen freien Lauf.

Denn kurze Zeit danach sollte ihm eine Kinderzeichnung seines Sohnes klar machen, was er da mit seinem brachialen Aufräumen zerstört hatte. Er erkannte, dass der Kleine auf seinem Bild einen Familienausflug festgehalten hatte: eine Szene des gemeinsamen Besuchs einer stillgelegten Zeche im Ruhrgebiet. Und im selben Moment dämmerte dem Vater – unter Tränen –, dass die scheinbare Unordnung im Kinderzimmer einen Sinn gehabt hatte. Der Kleine hatte versucht, mit seinen Mitteln und unter Verwendung verschiedenartiger Spielzeuge und Materialien eben diese Besucherzeche nachzubauen. Jetzt war klar: Was der Vater für Unordnung gehalten hatte, bedeutete für seinen Sohn das schützenswerte Reservat seiner persönlichen Phantasie. Im Dienst einer mithin äußerst fragwürdigen Ordnung hatte der Vater die Grenze zu dieser Welt durchbrochen und das kreative Feld des Kindes vernichtet. Spielzeuge, die gerade noch lebten, wurden in Schachteln gepackt und im Regal begraben …

Wie alles wirklich Wichtige im Leben wiederholte sich diese Konfrontation. Diesmal jedoch war der Sohn älter und wehrhafter. Auf die heftige Kritik an der völlig unzureichenden Ordnung seiner Schulunterlagen führte er den Vater wortlos an der Hand in dessen Arbeitszimmer und verwies auf dessen Schreibtisch, der überladen war mit Papieren – deutlich ungeordneter als die Schulunterlagen des Jungen. Bis heute ist der Vater voll Dankbarkeit für seinen Sohn, der ihn dazu erzog, die Grenzen seiner Kinder zu achten.

Achte einmal darauf, wie weit in Beziehungen, die Du beobachtest, Grenzen respektiert oder missachtet werden. Viele Erwachsene scheinen zum Beispiel zu denken, Kinder hätten so etwas wie Grenzen gar nicht – mit vielfach tragischen Folgen.

Schau her, ein Junge!

Seine Mutter hatte sich eine Tochter gewünscht. Also kleidete und frisierte sie Robert wie ein Mädchen. Es freute sie, wenn er für ein Mädchen gehalten wurde. Und es machte ihr Spaß, ihrem vorgeblichen Töchterchen dann in der Öffentlichkeit die Hose herunter zu ziehen, um dem staunenden Publikum zu demonstrieren, dass das Mädchen in Wirklichkeit ein Junge war.

Heute ist Robert 56 Jahre, und er leidet sehr – bewusst als auch unbewusst – unter den Folgen dieser traumatisierenden Grenzverletzungen seiner Kindheit.

Roberts Mutter fehlte jegliche Achtsamkeit im Umgang mit ihren Söhnen. Sie überschritt deren Grenzen, ohne zu ahnen, dass sie dies nicht durfte.

Erst wenn eine echte Erlaubnis besteht, kann der Eintritt in das Seelenleben des Gegenübers gewagt werden. Sehr wichtig ist dabei auch, sich wirklich bewusst darüber zu sein, dass diese Erlaubnis ein großes Geschenk ist, das gewürdigt werden muss. Je wesentlicher der Bereich ist und je mehr er durch Scham geschützt ist, desto höher ist natürlich die Schwelle, die mein Gegenüber überschreiten muss, um sich mir anzuvertrauen. Hier liegt eine häufige Quelle schwerer Verletzungen, wenn Menschen nach Beratung oder Therapie suchen. Oft machen sich Therapeuten und Berater nicht klar, in welcher Not sich ihr Gegenüber befindet. Die Verzweiflung ist oftmals so groß, dass der Hilfesuchende sich über seine eigentlichen Hemmschwellen hinaus anvertrauen möchte. In einer solchen Situation abgewiesen zu werden, kann eine Verletzung herbeiführen, die über Jahre den Mut zerstört, sich in eine Beratungssituation zu begeben.

Eine im Beratungsbereich häufige Form der Grenzverletzung, findet man vor, wenn die Unternehmensleitung einen Unternehmensberater damit beauftragt, plötzlich in den geheimen Gärten der Mitarbeiter zu wildern, ohne dass diese um Erlaubnis gefragt wurden. Solche Ansätze gehen praktisch immer schief.

6.3 Drei Schlüssel zum Anderen

Wenn ich möchte, dass sich mir jemand öffnet, sind es vor allem drei Dinge, die ich selbst einbringen kann und die alle verbunden sind mit meiner Fähigkeit, achtsam und einfühlsam auf andere Menschen zuzugehen. Zwei davon könnte man als eine Art *Naturgesetz der Kommunikation* bezeichnen.

Gesetz der Harmlosigkeit

Eine der wesentlichsten Voraussetzungen für eine Begegnung ist das Gesetz der Harmlosigkeit. Damit ist gemeint, dass beide Partner einer Begegnung sicher sein können, dass vom anderen keine Gefahr ausgeht. Dabei ist wichtig, dass ich mir selbst darüber im Klaren sein muss, ob ich redlicherweise behaupten kann, dass ich harmlos bin, beziehungsweise, wie weit ich dieses garantieren kann.

Lass uns das am Beispiel des *Coaching* veranschaulichen: Coaching wird häufig von Unternehmen für Mitarbeiter „eingekauft" – der Auftraggeber des Coaching ist dann das Unternehmen. Der Coach ist somit dem Unternehmen gegenüber in geschäftlicher Hinsicht gebunden, d.h. auf der Handlungsebene: berichtspflichtig. Der oder die Vorgesetzten der Klienten erwarten vom Coach Informationen über den jeweiligen Coaching-Prozess, möglicherweise sogar Bewertungen der Klienten. Ein solcher Coach, der Dritten über die Coaching-Begegnung einen Bericht zu erstatten hat, ist in der Regel überhaupt nicht harmlos, und jeder einigermaßen intelligente Klient wird sich auf ihn nur bruchstückhaft einlassen. Hat der Coach auch noch die Funktion, den Klienten zu bewerten, ist eine ernsthafte Begegnung in der Regel überhaupt nicht möglich. Für uns selbst als Coaches haben wir dieses Problem so gelöst: Ein wesentlicher Teil des Vertrages mit den Auftraggebern, den Unternehmen, besteht darin, dass diese uns von allen Berichtansprüchen entbinden.

Diese ideale Situation *garantierter Harmlosigkeit* eines Beraters ist natürlich nur möglich, wenn sich der Beratungsprozess auf ein konkretes Individuum oder ein konkretes Team bezieht. Sobald ein ganzes Unternehmen Gegenstand eines Beratungsprozesses wird, und der Berater seinen Auftrag von der Unternehmensführung erhält, bleibt ihm zur Aufrechterhaltung der Harmlosigkeit nur der Ausweg in die Allparteilichkeit auf der Grundlage seiner persönlichen Integrität. Genauer gesagt bedeutet dies, ich sage Dir Mitarbeiter, dass ich über Dich berichten muss, und ich stehe dafür gerade, mein Bestes zu tun, Dir gerecht zu werden und dafür Sorge zu tragen, dass Du erfährst, was ich über Dich berichten werde.

Ein guter Berater kann aus den gleichen Gründen niemals Teil des Systems sein. Jeder seriöse interne Coach weiß, dass seiner Unterstützungsmöglichkeit hier sehr früh Grenzen auferlegt werden. Selbst wenn er es gut meint, ist ihm bewusst, dass sich sein Wissen in irgendeiner Weise im Unternehmen ausbreiten wird, so dass die Privatsphäre seines Klienten nicht wirklich geschützt ist.

Selbstverständlich ist ein Berater niemals harmlos, wenn eigene Anliegen mit den Anliegen des Klienten korrelieren. Ein katholischer Eheberater wird beispielsweise nie in der Lage sein, seine Klienten neutral zu begleiten, da er in Bezug auf den Ausgang der Beratung parteiisch ist. Eigentlich versteht sich das von selbst, was dennoch häufig unzureichend beachtet wird. Fast alle größeren Unternehmen schließen zwar Berater aus, die zu Scientology gehören, lassen aber Berater anderer ebenfalls intrusiver Weltanschauungen ungeprüft passieren. Dabei haben so gut wie alle Klienten eines gemeinsam: Sie wollen bei ihren Konflikten begleitet und unterstützt werden. Nur die wenigsten wollen bekehrt werden.

Gesetz vom Nicht-Urteilen

Das zweite Gesetz, das eine Voraussetzung für eine lebendige Begegnung darstellt, ist das *Gesetz des Nicht-Urteilens.*

Es gibt starke Überschneidungen mit dem *Gesetz der Harmlosigkeit.* Gleichzeitig verlangt das *Gesetz des Nicht-Urteilens* eine besondere Disziplin im Umgang mit den Inhalten, die Dir anvertraut werden. Jeder kennt die Gespräche unter Freunden, bei denen über die abwesenden Partner hergezogen wird. Es ist sehr unterhaltsam, bestätigt zu bekommen, dass man mit einem Monster verheiratet ist und dass die Männer und die Frauen so oder so, vor allem aber fürchterlich sind. Auch viele Psychotherapeuten und Berater gehen in diese Falle und prostituieren sich, indem sie den abwesenden Partner des Klienten verurteilen.

Jeder Erfahrene weiß, dass dies nicht konstruktiv ist, weil sich die meisten Menschen in einer Atmosphäre der Bewertung nicht öffnen. Gerade der Versuch, es dem Klienten recht zu machen, indem man dessen Wut auf den anderen stützt, führt zu Misstrauen; weil jeder im Inneren weiß, dass es nicht die Lösung sein kann, über den abwesenden Partner herzuziehen. Das Vertrauensverhältnis zwischen Patient und Therapeut kann dadurch empfindlich gestört werden, im schlimmsten Fall verliert der Patient die Motivation sich zu öffnen.

Ohne Öffnung ist aber Wandel und Entwicklung nicht möglich. Wenn ich also will, dass sich jemand auf mich einlassen kann, ist zunächst mein Blick in mein Inneres erforderlich. Nur was ich selbst an mir kenne und freundlich integriert habe, vermag ich am anderen anzunehmen. Hier gilt der alte Satz aus der Bergpredigt: „Liebe deinen Nächsten wie Dich selbst“.

Dabei scheint es uns auch wichtig zu erwähnen, dass das natürlich nie ganz gelingt. Eine der törichtsten Bewertungen liegt in der Entwertung der nichtüberwindbaren Bewertung: „Du wertest schon wieder“, werten so viele Berater, die vorgeben, nicht zu werten.

Dieses Nicht-Bewerten ist zum einen eine Chance zum Loslassen von festgefahrenen Vorstellungen über die Welt, zum anderen aber auch die Grundlage für ein existenzielles Ja zum Dasein. Ich nehme es, das Leben, an und ich nehme damit Dich in Deinem ganzen Sosein an. Thich Nhat Hanh spricht bezogen auf die Wut davon, diese zu umarmen. In dieser Umarmung kann sie sich dann wandeln bzw. auflösen.

Umarmen ist ein schönes Bild für das, was im Folgenden mit Containing ausgedrückt werden soll.

Containing

Ein essenzieller Aspekt, der in gewisser Hinsicht die beiden Vorherigen integriert, ist der des Containing – ein vielfach beschriebener Begriff, der auf *Bion* [6] zurückgeht.

Gemeint ist mit Containing ein innerer sicherer Raum, der sich in meiner Seele bildet, und den ich meinem Gegenüber zur Verfügung stelle. Es wird uns bei jungen Beratern und Psychotherapeuten immer wieder deutlich, dass ihr innerer Container darüber entscheidet, ob und was sie bewirken können. Daneben erscheint es weniger wichtig, wie aufwendig und umfangreich ihre Ausbildung ansonsten war. Wir haben viele Coaches getroffen, die ihre Beratung auf der Grundlage hoher akademischer Würden ausführten, deren innerer Container jedoch zu eng war, um den Patienten in seinen Anliegen vollständig zu erfassen. Wenn Du also ernsthaft jemanden begegnen möchtest, ganz gleich, ob es sich um eine professionelle Begegnung wie beim Coaching oder um eine zufällige Situation an der Theke handelt, stelle Dir zunächst die Frage, ob die Geister, die Du damit rufst, wirklich in Deinen Container passen.

Den Doc zum Erröten bringen

Es war eine ziemlich amüsante Geschichte, damals, auf unserer Station im Krankenhaus: Zwei Krankenschwestern erhielten bei einem psychiatrischen Oberarzt psychotherapeutische Behandlung. Der psychiatrische Oberarzt war ein wirklich lieber Kerl, warmherzig und hilfsbereit, doch für sexuelle Themen gab es keinen Platz in seinem Container. Die beiden jungen Frauen hatten das offensichtlich schnell begriffen, und ich hatte mehrfach Gelegenheit, die beiden zwischen den Therapiestunden zu erleben, wenn sie sich lachend darüber verständigten, womit sie den Kollegen bei den nächsten Therapiestunden erschrecken würden. Die Themen ‚Gruppensex' und ‚Masturbation' waren ihm besonders peinlich – und damit die erklärten Lieblingsthemen seiner beiden Klientinnen.

Das ist die fröhlichere Variante.

Sehr viel ernster wird es bei einer Frau, die im Anschluss an eine 800-stündige Psychoanalyse glaubhaft versichert, dass das Thema Sexualität in dieser zehn Jahre währenden Behandlung kein einziges Mal angesprochen wurde. Der Grund war nicht, dass sie so verklemmt war, sondern, dass sie die Unsicherheit ihres Analytikers spürte und ihn schonte. Ob diesem Analytiker bewusst ist, dass er ein wesentliches Lebensintervall dieser Frau verschwendet hat?

Wenn Du also die Erfahrung machst, dass Deine Partner, Mitarbeiter oder wer auch immer sich in wesentlichen Bereichen nicht öffnen, hüte Dich davor, sie deswegen zu beschimpfen oder zu verteufeln. Die Lösung liegt fast immer darin, dass Du Deinen inneren Container daraufhin überprüfst, ob das, was Du vom Gegenüber erfragen willst, wirklich von Dir umarmt werden kann, es also im Innenraum Deiner Seele geborgen ist. Einfacher ausgedrückt, man kann nur die Offenheit reklamieren, derer man sich als würdig erwiesen hat, weil man selbst zu ihr fähig ist.

Fassen wir also zusammen: Zu Beginn einer Begegnung hängt viel davon ab, dass ich mir achtsam und mutig die Genehmigung zur Begegnung abhole. So ermögliche ich dem Gegenüber Ehrlichkeit, bei der ich mich wiederum fragen muss, ob ich ihr gewachsen bin. Meine Botschaft ist: Ich interessiere mich für Dich, und ich lade Dich ein, Dich mir so weitgehend zuzumuten, wie Du es kannst, willst und brauchst. Und ich garantiere Dir dafür, dass ich mich sorgfältig gefragt habe, ob ich Dich und deine Wahrheit ertragen kann.

6.4 Wo treffen wir uns? – Die existenziellen Ebenen

Die Erlaubnis, in Kontakt zu treten, bedarf zusätzlich einer achtsamen Prüfung der *Tiefe* des erlaubten Kontaktes. Alle Menschen haben Ebenen, auf denen es ihnen relativ leicht fällt, sich zu offenbaren und andere, auf denen es ihnen schwerer fällt. Eine bedeutsame Frage lautet in diesem Kontext: Welche existenziellen Ebenen bist Du bereit, mich wahrnehmen zu lassen?

In der *Gestaltpsychologie* werden mehrere dieser Ebenen in einer recht brauchbaren Weise differenziert: Die oberflächlichste Schicht ist die Klischeeebene. Darunter liegt die Ebene des Rollenspiels, und erst dann kommt der echte persönliche Bereich, wobei der zentrale Wesenskern meist unter einer Fülle früher Erfahrungen verborgen ist.

Das Klischee

In der Öffentlichkeit begegnen uns Menschen in der Regel als Klischee. Solche Klischees sind z. B.: die attraktive Frau, der erfolgreiche Mann. Yuppies sind klassische Klischeewesen. Die eigentliche kommunikative Botschaft des Klischees besteht darin, dass uns jemand mitteilt, was er für wünschenswert hält oder wie er denkt, dass er sein muss, um die Erwartungen der anderen zu erfüllen. Diese Klischees machen oft deutlich, wie unendlich viel Mühe sich jemand gibt, um den Erwartungen seiner Mitwelt zu entsprechen. Gemeinsam mit dieser Mitwelt bauen wir auf der Klischeeebene die Illusion auf, dass wir das seien, was wir vorgeben zu sein.

Der Wert, den das Klischeeverhalten bietet, besteht darin, dass ich es der Welt leicht mache, mit mir umzugehen und gleichzeitig davor beschützt bin, in meinem wahren Selbst abgelehnt zu werden. Der Preis, den viele Menschen dafür zahlen müssen, ist jedoch hoch: Im Laufe der Jahre verlieren sie die Erinnerung an sich selbst. Wenn man diese Menschen fragt: „Wie geht es Dir?“, dann müsste die ehrliche Antwort lauten: „Ich weiß es nicht, mein Innerstes liegt im Dunkeln.“

Als angepasstes Klischee geht es mir aber immer so, wie ich weiß, dass du, mein Gegenüber, es für angemessen hältst, dass es mir geht. Da es auf der Klischeeebene niemals darum geht, seine wahrhaftige Seite zu offenbaren, wird diese auch niemals sichtbar. Obwohl Klischeeverhalten sehr anstrengend ist, bietet es andererseits auch viel Schutz. Allerdings wird der Schutz damit bezahlt, dass man als wahre Person übersehen wird. In einem Lehrbuch für Hexen aus dem Mittelalter findet sich etwa die Anweisung, dass eine Hexe ihre Unsichtbarkeit dadurch erringt, indem sie sich so sehr anpasst, dass sie keinem mehr auffällt.

Menschen auf der Klischeeebene ahnen manchmal noch, wer sie sein könnten, halten es aber in der Regel für ausgeschlossen, als das, was sie wirklich sind, geliebt zu werden. Dies macht einsam und wütend. Es entsteht oft ein resignativ böses Menschenbild, vor allem bezüglich des anderen Geschlechts. Daraus beziehen viele die Rechtfertigung, ihrerseits berechnend und ausbeuterisch zu werden. Menschen auf der Klischeeebene wirken häufig nach außen hin besonders freundlich, kooperativ, charmant und sympathisch. Sie erwecken den Eindruck, mit ihrer Umwelt im besten Einvernehmen zu stehen. Keiner käme so ohne weiteres auf die Idee, hinter der freundlichen Fassade einen verängstigten Menschen zu vermuten, dem jeder Glaube an das Gute in menschlichen Beziehungen fehlt.

Denken wir beispielsweise an die ‚Stars' – die Beaus und Schönheiten, die besonders attraktiven, gutaussehenden, beim anderen Geschlecht so erfolgreichen Männer und Frauen. Hier bekommt man es nicht selten mit der Klischee-Ebene zu tun.

Diesen Stars ist vielfach das *Allmachtsgefühl* gemeinsam, ein bestimmtes Klischee perfekt zu bedienen und daher optimal manipulieren zu können. Darin liegt eine gewaltige Verführung. Nicht wenige Frauen bauen ab der Pubertät ihre gesamte Identität auf ihrer sexuellen Attraktivität auf. Wegen der damit verbundenen Allmachtserfahrung erscheint es ihnen oft total überflüssig, die anderen Aspekte ihrer Persönlichkeit zu entwickeln. Sie verbringen ihr Leben bis in ihre fünfziger Jahre als verwöhnte Kinder, denen alle denkbare Gier und all die Verantwortungslosigkeit, die sie dem Leben gegenüber an den Tag legen, zugestanden wird, weil sie „so süß" sind. Dann beginnen sie mit Anfang Fünfzig zu welken. Auch die Mutteridentität verliert sich, weil die Kinder erwachsen werden. So manche stürzen jetzt ab in die innere Hölle ihrer immer gefürchteten Bedeutungslosigkeit. Viele haben es versäumt, außer schönen Frauen auch interessante Menschen zu werden. In dieser Situation sind viele dieser gealterten Mädchen wahrhaft gefährdet, Selbstmord zu begehen, zumal die Wechseljahre quälen. Oft erleben die betroffenen Frauen in dieser Lebensphase nach langer Zeit oder auch zum ersten Mal ihr wahres Selbst, das wiederum auch die einzige wirkliche Rettung verspricht. Diese besteht darin zu begreifen, dass Du mehr bist als das Klischee, das Du verkörperst.

Wichtig ist, hier nochmals zu betonen, dass die Klischeeebene bei vielen Menschen über lange Phasen in ihrem Leben die einzige ist, die sie zur Kommunikation wirklich zur Verfügung haben. Dies erklärt auch, warum solche Menschen häufig zwar gern zu Klischeetreffen gehen wie z. B. Vernissagen, Bällen, vielen Golfsclubs, dort aber praktisch nie Freundschaften schließen. Selbst dann, wenn man miteinander ins Bett geht, zeigt man sich nicht. Es gibt eine ganze Reihe von Menschen, die beim Sex die Phantasie haben, dass das Bild, das sie mit ihrem Partner abgeben, so gestaltet sein muss, dass sie den ästhetischen Ansprüchen eines potenziellen Betrachters standhalten müssen. Nur selten ist es den Betroffenen möglich, mit dieser Einstellung ein hohes ekstatisches Niveau zu erreichen.

Ein gewichtiger Grund dafür, sich den anderen nicht zu zeigen, liegt in der Befürchtung, dass ein Mensch, der mich kennt, sein Wissen gegen mich verwenden könnte. Der Gedanke, der daraus folgt, lautet in etwa: Wir teilen nun das Wissen um meine Minderwertigkeit, und das macht mir Angst. „Seitdem ich denken kann, kämpfe ich dagegen an, durchschaut zu werden, weil ich fürchte, dass hinter meiner Fassade das Nichts lauert."

Die Tragik solcher Beziehungen liegt oft darin, dass beide Partner sich zwar wirklich lieben, von dieser Liebe aber nicht profitieren können, weil der Kampf auf dem Schlachtfeld des Selbstwerts jede wahre Begegnung unmöglich macht.

Oft zerreißt dieser Vorhang erst an der Schwelle des Todes und beide trauern um das Leben, das sie nie geführt haben, obwohl es immer möglich gewesen wäre. „Sei liebevoll zu Deinem Partner", riet neulich eine Freundin, deren Mann an tödlichem Krebs erkrankt war. „Denke immer daran, dass Deine Zeit kurz ist."

Paare, die sich gegenseitig auf der Klischeeebene permanent bestätigen, die also gegenseitig keinen Anspruch auf existenzielle Intimität und echte Nähe stellen, gehen in der Regel friedlich miteinander um.

Was nie zusammenkommt, kann ewig beieinanderbleiben

Ein Abend bei ihnen beeindruckt jeden Besucher: Als ich neulich bei ihnen zu Gast war, zählte ich beispielsweise innerhalb einer Stunde vierzehn Komplimente, die er ihr machte. Und sie strahlte ihn beharr-

lich – ununterbrochen – hofierend und bewundernd an: ein geradezu perfektes Klischee einer glücklichen Beziehung. Nun kenne ich beide persönlich, und ich weiß, er hat sie eigentlich nur aus Angst vor seiner Homosexualität geheiratet, und sie ist für ihn eigentlich – wie alle anderen Frauen auch – nicht wirklich interessant. Von ihr weiß ich, dass sie unter der fehlenden herzlichen Bindung zu ihrem Mann leidet, diese Beziehung aber hinnimmt, weil sie fürchtet, etwas Besseres als ihn nicht bekommen zu können. Der Bestand dieser Ehe hängt zu hundert Prozent davon ab, dass sich die beiden nicht begegnen. Sie ahnen das und wissen es zu verhindern.

Das Hoffnungsvolle bei Geschichten wie dieser besteht darin, dass die Individuen, wenn der Absturz in die eigene Wahrheit erst einmal überlebt ist – wenn die Fassade aufgrund der nachlassenden Kraft der mittleren Jahre oder des nahenden Alters zusammenbricht –, eine riesige Erleichterung darüber empfinden, endlich ihre Klischeeebene verlassen zu dürfen. Oft merkt man erst dann, welche unendliche Anstrengung damit verbunden war, ein Leben lang dem Klischee zu entsprechen.

Die Rolle

Was ist eigentlich der wesentliche Unterschied zwischen Klischees und Rollen? Für unser Thema lässt sich der Unterschied so fassen: Mit dem Klischee ist jene Fassade gemeint, die das Wesen zur Gänze umgibt, während die Rollenebene darunter liegt und verschiedene Teilzustände des Individuums differenziert. Dabei können diese Rollen selbstverständlich sowohl klischeehaft als auch persönlich gefüllt sein.

Diese Rollenebenen erfreuen sich in der gegenwärtigen psychotherapeutischen Literatur größten Interesses. Die Rollen werden dabei beispielsweise als sogenannte *Ego-States* oder als *Teilpersönlichkeiten* definiert – etwa im Rahmen der viel diskutierten dissoziativen Persönlichkeitsstörungen. Im Zentrum der Aufmerksamkeit steht vielfach das schon erwähnte ‚innere Kind'.

Wesentlich für unsere Frage ist zu verstehen, dass die Erlaubnis, einer Person auf der Rollenebene zu begegnen, – im Vergleich zur Klischeephase – schon eine deutliche Vertiefung der Beziehung bedeutet. Dies liegt daran, dass jede Rolle den dahinterliegenden „Schauspieler" zumindest erahnen lässt.

Wenn ich auf dieser Ebene fragen darf „Wie geht es Dir?", kann mein Gegenüber zumindest auf der Rollenebene eine auch von seinem Erleben getragene Antwort geben. Diese ist im Gegensatz zur Antwort auf der Klischeeebene deutlich persönlicher. Die Antwort auf unsere Frage könnte zum Beispiel lauten: Als Vaterfigur geht es mir gut. Es geht mir in der Vaterrolle sogar so gut, dass es mir gelingt, die Probleme, die ich in anderen Rollen habe, zu vergessen.

Dabei ist es wichtig zu verstehen, dass die Elternrolle ein häufiger Trostpreis für verwahrloste und einsame innere Kinder ist. Viele Menschen in sozialen Berufen behandeln gerade jene Klientel, der sie sich psychodynamisch am ähnlichsten fühlen. Indem sie das Elend der Obdachlosen lindern, entgehen viele dem Schmerz über ihre eigene innere Verwahrlosung. Auf der Ebene ihres inneren Kindes haben sie selbst oft tiefe Erfahrungen von Verlassenheit und mangelnder Versorgung und Geborgenheit gemacht. Sie haben sich von sich selbst abgewendet und somit ihr Inneres jener Verwahrlosung ausgesetzt, die sie jetzt bei ihrer Klientel wahrnehmen und bearbeiten wollen.

Während die Klischeeebene – ihrer Natur entsprechend – unintim und letztendlich beziehungslos ist, kann es auf der Rollenspielebene durchaus langanhaltende und für beide Seiten befriedigende *Beziehungsarrangements* geben.

Da ist z. B. die fünfzigjährige Unternehmerin, die sich in der sexualisierten Mutterrolle mit dem fünfunddreißigjährigen, alkoholkranken Beau liiert. Sie erhält in dieser Beziehung scheinbar das Zertifikat der ewigen Jugend und er die grenzenlose Verwöhnung im Schutze ihrer Mütterlichkeit. Diese Beziehungen funktionieren oft über lange Zeit sehr gut. Vorausgesetzt der junge Mann wird nicht abstinent.

Interessanterweise kann es passieren, dass ein Mensch, den ich statt meiner selbst versorge, unter dieser meiner Versorgung gedeiht. Wenn er sich allerdings in der Kindrolle entwickelt, dann wird er erwachsen, und er wird seine Eltern verlassen. War die Elternfigur der Partner, fühlt dieser sich verständlicherweise solange betrogen, bis er verstanden hat, dass er in der Elternrolle keine Partnerschaft erwarten kann. In unserem Beispiel war und blieb sie für ihn in der Mutterrolle, auch, wenn sie selbst dachte, als bedürftiges Mädchen gesehen und aus Dank für ihre Versorgung geliebt zu werden.

Diese Rollenverteilung kommt auch in realen Familien oft vor, vor allem dann, wenn Kinder ihre Eltern als labil und schwach erleben. Manch solches Kind tröstet sich in seiner existenziellen Verlassenheit mit der Illusion, dass sich alles zum Guten wenden wird, wenn es seine Eltern erst geheilt hat. Dann sind sie intakt und können endlich ihre Elternrolle einnehmen, nach der sich das Kind so sehr sehnt.[9]

Die Antwort auf die Frage „Wie geht es Dir?“ in einer solchen Rolle müsste eigentlich lauten: „Noch trägt mich meine Rolle, daher fühle ich mich sicher und es geht mir gut“. Tief in meinem Inneren ahne und fürchte ich jedoch, dass ich im Kern nicht so bin, wie ich mich nach außen zeige.

Die persönliche Ebene

Im antiken Theater wird die „Rolle“, ausgedrückt durch die Maske des Schauspielers, als „Persona“ bezeichnet. Dieses Wort ist abgeleitet vom Verb personare, das „hindurchtönen“ bedeutet. Schon damals war man sich über das Wechselverhältnis zwischen Rolle

9 Hier sei erinnert an die Geschichte: Ich heile Dich, damit Du mich lieben kannst!, Kap. 2.1.

und tatsächlichem Selbst im Klaren, man wusste, dass eine Rolle dadurch lebendig wird, dass das eigentliche Selbst durch sie hindurch klingt. *Karlfried Graf Dürckheim* verdeutlichte dies in einem Vortrag einmal recht anschaulich: „Es kommt darauf an, wie der Karlfried durch den Dürckheim klingt."

Hier ergibt sich die Schnittstelle zur nächsten existenziellen Ebene, die man „die persönliche Ebene" nennen kann. Wenn Dein Gegenüber Dir erlaubt, Kontakt auf dieser Ebene herzustellen, betrittst Du nun das Land hinter allen äußeren Abwehrschichten. Hier begegnest Du der Seele Deines Gegenübers mit ihren Schmerzen und Schwächen, aber auch mit ihren Stärken, Wünschen und Sehnsüchten. Der Prozess des Eintritts in dieses Land ist häufig so eindrucksvoll, dass ihm in der Psychotherapie ein eigener Begriff gewidmet wurde, nämlich der Engpass (Impass). In dieser Phase funktionieren die Rollen und Klischees einfach nicht mehr. Das wahre Wesen wird ahnbar. Die alten Schutzstrukturen fangen an zu versagen, und es scheint manchmal so, als würde das Bekannte in sich zusammenbrechen.

Du kennst das, wenn Du einen Freund anschaust und sagst: „He, du siehst heute traurig aus." Oft windet er sich dann und wehrt ab, ringt um den Erhalt der Rolle, um dann unter Tränen zusammenzubrechen. Dies ist der Moment, den man als den Einbruch in die innere Wahrheit bezeichnen könnte. In dieser Situation ist die Chance groß, dass nach der Öffnung von außen und dem Kollaps der Abwehr das wahre Selbst explosionsartig nach außen drängen kann. Hier finden oft gemeinsame Erlebnisse statt, die zu tiefen freundschaftlichen, menschlichen Beziehungen führen. Der Mensch, der der erste ist, dem Du wagst, Deine Angst zu zeigen, wird immer ein besonderer Mensch für Dich bleiben. Gleichzeitig sind diese Momente natürlich jene, in denen wir uns am verletzlichsten fühlen. Für Dich als denjenigen, der den anderen eingeladen hat, sich so weitgehend zu öffnen, gilt das Motto des Fuchses in der Geschichte „Der kleine Prinz" von *Antoine de Saint-Exupéry*

[66], dass Du für ein Wesen, das Du Dir vertraut gemacht hast, auch verantwortlich bist.[10]

Gerade aus diesem Grunde ist die Zone, über die wir gerade sprechen, jene, in der viele der tiefsten Verletzungen im zwischenmenschlichen Bereich stattfinden. Wenn Du jemanden in dieser Tiefe danach fragst, wie es ihm geht, und er Dir entsprechend antwortet, ist es ist wichtig, dass Du diese Antwort würdigst als eines der größten Geschenke, die jemand Dir machen kann.

Hier liegt ein wesentlicher Hintergrund für die enorme Intensität, die wirkliche Begegnung erreichen kann. Wenn Du dieses Geschenk nicht würdigst, kann es passieren, dass die schlimmste Befürchtung des anderen wahr wird und er im Selbsthass versinkt. Die schlimmste Befürchtung, die wir haben, ist die, dass wir uns öffnen, unsere Scham überwinden und dann unser Gegenüber Verachtung ausdrückt und sich abwendet. Die grauenvolle Fantasie erfüllt sich, dass ich um meiner Selbst willen nicht geliebt werden kann.

Nicht nur im privaten und beruflichen Alltag, sondern auch in der professionellen Welt von Psychotherapie und Coaching finden solche Verletzungen immer wieder statt, indem zu einem Vertrauen verführt wird, das dann nicht eingelöst wird. Vor allem beim Coaching, wo die Tiefendimension oft verleugnet wird, wird man immer wieder mit Beziehungsabbrüchen konfrontiert. Zuerst wird dem Klienten von Unternehmensseite das Coaching angetragen und ermöglicht. Es wird ihm dann im Rahmen des Coaching die Beziehung angeboten. Der Klient lässt sich darauf ein und beginnt dem Schutz und der Verlässlichkeit dieser Beziehung zu vertrauen. In dieser Geborgenheit beginnt er zu wachsen, wodurch er besonders verwundbar wird. Dann entscheidet irgendwer im Unternehmen, das Coaching zu beenden – für den Klienten eine massive persönliche Enttäuschung. Er kann dadurch innerlich ins Bodenlose fallen und depressiv oder auch aggressiv dekompensieren. Die

10 [66], Seite 55: „Du bist zeitlebens für das verantwortlich, was Du Dir vertraut gemacht hast.“

vorher starke Identifikation mit seinem Unternehmen verwandelt sich dann häufig in Hass und Zerstörungswut.

Den Prozess einer Begegnung über die Ebenen des Klischees, der Rolle und der Person kann man sich im Rahmen eines Gruppencoachings etwa so vorstellen:

Die Gruppe startet in der *Klischeephase.* Jeder stellt sich unpersönlich, rechtschaffen dar, verharrt hinter seiner Mauer. Wenn es dann langsam „wärmer" wird, lugen die ersten dahinter hervor, ganz vorsichtig, wie Murmeltiere aus ihren Löchern. Erst wenn diese Situation als einigermaßen harmlos erkannt wird, wagen sie sich, geschützt mit dem Schutzschild ihrer *Rolle* – an die Oberfläche. Hier wächst die Kohärenz der Gruppe langsam weiter. Und dann kommt – irgendwann – der Einbruch in die *persönliche Wahrheit.*

Also noch mal, wenn Du fragst „Wie geht es Dir?", leiste Dir Rechenschaft darüber, ob Du das, was Du versprichst, auch halten kannst. Wenn nicht, dann sei so fair und warne Dein Gegenüber.

Viele menschliche Konflikte entstehen dadurch, dass sich jemand auf eine Beziehung einlässt und dabei davon ausgeht, dass der andere dies auch tut und dass er außerdem das gleiche Beziehungsziel hat. Wenn sich dann wirklich klärt, dass es zwischen beiden Beteiligten riesige Unterschiede in der Bedeutung gibt, die sie der Beziehung zumessen, kommt es zu tiefen Gefühlen von Verletzung. Ein sehr gutes Beispiel hierfür ist das Lied von *Annett Lousian:* ‚Ich will doch nur spielen'. Sie beschreibt darin, was geschieht, wenn die Verletzung schon stattgefunden hat. Unbekannt ist, ob sie ihren nächsten Partner gewarnt hat …

Das Spiel

Dass du nicht mehr bist
Was du einmal warst
Seit du dich für mich
ausgezogen hast

Dass du alles schmeißt
Wegen einer Nacht
Und alles verlierst
War so nicht gedacht
Du willst mich für dich
Und du willst mich ganz
Doch auf dem Niveau
Macht's mir keinen Spaß
Das füllt mich nicht aus
Ich fühl mich zu Haus
Nur zwischen den Stühlen

Ich will doch nur spielen
Ich tu doch nichts
Ich will doch nur spielen
Ich tu doch nichts

Dass du wegen mir
irgendwen verlässt
Dass du manchmal weinst
Weil es dich verletzt

Dass es immer mal
jemand anderen gibt
Der sich hier und da
in mein Leben schiebt

Dass du dich verliebst
Weil du's mit mir tust
Dass es dich so trifft
Hab ich nicht gewusst

Es war nie geplant
dass du dich jetzt fühlst
Wie einer von vielen
Dass du nicht mehr schläfst
Weil es dich erregt
wenn ich mich beweg'
Wie ich mich beweg'

Dass du fast verbrennst
unter meiner Hand
Wenn ich dich berühr
hab ich nicht geahnt

Ich steh nur so rum
tu so dies und das
Fahr mir durch das Haar
und schon willst du was

Lass mal lieber sein
Hab zuviel Respekt
vor deinen Gefühlen

Achtsame Begleitung: Verantwortung und Chance

Letztendlich hat jede relevante Beziehung in unserem Leben die Funktion, dass wir die, die wir lieben, also unsere Freunde, unsere Partner, unsere Kollegen, usw. mehr oder weniger bewusst auf ihrem spirituellem Weg, d.h. auf dem Weg hin zu ihrer Verwirklichung begleiten.

Insofern könnte man auch Psychotherapie oder auch Coaching definieren als ubiquitäres Phänomen, das immer dann zum Tragen kommt, wenn ein Mensch einen anderen in seiner Entwicklung begleitet. Unsere Erfahrung ist die, dass es in diesen Prozessen auch immer eine Form von Schutz gibt, der zu frühe und zu tiefe Einbrüche und zu energetische Begegnungen verhindert. Die einzige, uns bekannte Ausnahme bilden die Traumatisierungen solcher Schutzelemente durch Gewalt oder Drogen.

Gerade in einer achtsamen Begleitung wirst Du als Begleiter

Zeuge tiefer existenzieller Prozesse im anderen, die wiederum Dich selbst in Deinen Prozessen beschleunigen.

Der Prozess, bei dem sich ein schwaches inneres Wesen hinter seiner Maske weiterentwickelt, wächst und gedeiht, bis es endlich stark genug ist, den Schritt ins Licht wagen zu können, kann Jahrzehnte dauern. Was in diesen Jahrzehnten im Inneren geschieht, erzählen manchmal die Träume: Bisweilen spiegeln sie in ihren Wandlungsphänomenen den Weg zum wahren Selbst.

Träume Dein Leben – Lebe Deinen Traum

Sie träumte in mehr oder minder großen Abständen, sie müsse dringend zur Toilette. In ihren jungen Jahren verlief der Traum so, dass sie einen kaum noch bezähmbaren Harndrang verspürte und es gerade noch in letzter Sekunde schaffte, die rettende Toilettenkabine zu erreichen. Dann geschah es immer wieder: Die schützenden Wände der Kabine brachen zusammen, verschwanden einfach oder erwiesen sich als durchsichtig.

Immer wieder wachte sie nachts schweißgebadet auf mit dem Gefühl der Beschämung und des Ausgeliefertseins. Ein Ausgeliefertsein, das auch ihr damaliges Lebensgefühl bestimmte. Sie war zutiefst unsicher in ihren Grenzen, fühlte sich dem Zugriff des Lebens und einer bedrohlichen Welt preisgegeben.

Ein wesentlicher Entwicklungsschritt ihrer persönlichen Reifung geschah dann in ihrem realen Leben: Sie begann, sich selbst als wehrhafter zu erleben, ihrer Grenzen sicherer zu werden und daher auch auf selbstbewusstere Art und Weise und dabei gleichzeitig souveräner mit ihrer Mitwelt in Beziehung zu treten. Auch in dieser Phase träumte sie von Toiletten. Interessanterweise mündeten diese Träume jedoch nicht mehr in Panik; die Wände der WC-Kabine hielten stand und sie wusste sich beim Pinkeln sicher.

Ihre nächsten Entwicklungsschritte: Sie trat in einen viel persönlicheren und offeneren Kontakt zu ihren Freundinnen. Sie wagte, ih-

nen wirklich intime Dinge von sich anzuvertrauen und fühlte sich in deren Kreisen folglich immer geborgener. Schließlich verliebte sie sich auch in einen Mann, mit dem sie auf einem deutlichen intimeren Niveau zusammen sein konnte als jemals zuvor. Wieder wandelte sich ihr Traum: Nun geht sie in der Natur spazieren. Da sind auch andere Menschen, das weiß sie. Und wieder spürt sie den Harndrang. Sie konstatiert ihr Bedürfnis, geht zum Wegesrand, zieht die Hose herunter und pinkelt genüsslich in der Öffentlichkeit. Das Vertrauen, sich der Welt zeigen zu dürfen, ist stark genug – sie kann wirklich Person sein.

7. Die Sache mit der Antwort …

„Hältst Du also aus, was Du über Dich selbst erkennst, indem Du Dich mir offenbarst?"

7.1 Erträgst Du Deine Antwort auf meine Frage?

Diesem Thema widmen wir ein eigenes Kapitel, weil es hier um eine Selbstverständlichkeit geht, die vom Fragenden leicht vergessen werden kann.

„Oh Herr, bewahre mich vor der Verwirklichung meiner Phantasien."

Sie waren ein glückliches Paar, auch sexuell. Und doch hatten Astrid und Tom oft – gemeinsam – das Gefühl, im Leben etwas zu versäumen. Was sie beunruhigte, war: Sie waren füreinander die ersten und bislang die einzigen Sexualpartner. Tom träumte davon, wie es wohl mit anderen Frauen wäre, und Astrid träumte von anderen Männern. Nicht, dass sie wirklich das Bedürfnis nach Sex mit anderen gehabt hätten – es entsprach vielmehr irgendwie dem Zeitgeist und galt in ihrem Bekanntenkreis als angesagt. Die beiden redeten viel darüber und begannen, sich gegenseitig zu ermutigen, derartige Erfahrungen zu machen.

Schließlich, an einem Wellness-Wochenende, machte Astrid diese Phantasien ein Stück weit wahr: Sie schlief im Hotel mit ihrem Masseur.

Astrid erzählte Tom noch in der gleichen Nacht davon. Und gänzlich unerwartet – ohne, dass er es je geahnt hätte, und entgegen allem, was er über sich geglaubt hatte – geriet Tom völlig außer sich. Er war so verzweifelt, dass er noch in der gleichen Nacht ärztliche Hilfe brauchte. Im Anschluss an diese Nacht war er im Wechsel tief depressiv und maß-

los wütend. Für das Paar begann eine Odyssee, das Geschehen aufzuarbeiten.

Das ist nun zwanzig Jahre her. Tom ist nie darüber hinweggekommen. Alles hat er versucht: Er hat getobt und geschrien, sich zeitweise dem Alkohol ergeben, Astrid in seiner Not geschlagen und mit zahllosen Frauen geschlafen, um die Wunde zu heilen. Früher oder später stürzte er immer zurück in seine Verzweiflung. Mit den Jahren wurde es leiser, aber es löste sich nicht. Astrid hielt bei ihm aus, zeitweise mit Mühe und genervt. Letztendlich blieb dieses Paar gleichwohl in Liebe verbunden.

Der Verlust der Illusion über sich selbst

Rechne stets damit, dass Dein Gegenüber auf dem Weg zur Antwort auf die Frage, wie es ihm gehe, eventuell nicht nur Dich, den Frager, sondern auch sich selbst zutiefst überrascht.

Auf der Ebene der Hirnphysiologie ist es inzwischen gelungen, Zustände sichtbar zu machen, bei denen die Hirnrinde, also die Vernunft, völlig ausgeglichen wirkt, während gleichzeitig die tieferen Kerne Amok zu laufen scheinen. Du kannst Dich also total cool fühlen, während gleichzeitig in Deinem Unbewussten wahre Gefühlsstürme toben, die sich Deiner Wahrnehmung völlig entziehen.

Wahrscheinlich sind Dir Irrtümer über Dich selbst auch nicht unbekannt. Vielleicht wolltest Du schon oft mit dem Rauchen aufhören oder mehr Sport treiben oder mehr Zeit mit XY verbringen – um dann festzustellen, dass Deine guten Absichten nicht Deiner Wahrheit entsprachen. Vielleicht redest Du Dir ein, diese oder jene Beziehung sei näher, als sie in Wirklichkeit ist.

Übung: Mut zur Wahrheit

Wenn Du magst, nimm Dir ein wenig Zeit und denke mal darüber nach, was Du tun würdest, wenn Dein Partner Dir sagen würde, er habe sich in jemand anderen verliebt. Und jetzt schreib auf:

1. Was würdest Du Dir selbst erzählen, um diese Situation zu bewältigen?
2. Was würdest Du Deinem Partner gegenüber behaupten, wie Du darauf reagieren würdest?
3. Was würdest Du wirklich tun?
4. Wenn Du Dein Inneres Kind, das wir an anderer Stelle ausführlich darstellen, fragen würdest, wie würde es ihm in dieser Situation gehen?

Lass Dir nun Zeit nachzuspüren, wie es sich anfühlt, die unterschiedlichen Bewältigungsebenen gleichzeitig im Bewusstsein zu haben. Wenn Du magst, sprich mit Deinem Freund oder Partner darüber. Diese Übung eignet sich auch für alle anderen Daseinskonflikte, wie zum Beispiel, wenn Du Dir das Rauchen abgewöhnen willst und es mal wieder nicht tust. Die Fragen würden dann lauten:

1. Was erzählst Du Dir selber, warum Du nicht aufhörst zu rauchen?
2. Was erzählst Du Deinen Partnern, warum Du nicht aufhörst?
3. Was wäre, wenn Du wirklich aufhörtest zu rauchen?
4. Wie ist der Dialog mit Deinem Inneren Kind, wenn Du daran denkst, mit dem Rauchen aufzuhören?

Dies ist eine Ebene des Unbewussten. Eine andere, nicht weniger existenzielle, ist die Ebene der Lebensgeheimnisse und Lebenslügen. Wenn in einer Beziehung wirklich Vertrauen entsteht, kommt irgendwann der Moment, an dem der Prozess des gegenseitigen Begreifens an die Ebenen stößt, von denen wir durchaus wissen, dass wir sie haben, diese aber zu offenbaren mehr fürchten als den Tod. Auch hier geht es weniger um die Frage, ob ich als Fragender aushalte, was das Gegenüber mir verbirgt, sondern darum, ob sein Selbstbild erträgt, das zu integrieren, was dadurch, dass er es mir zeigt, auch für ihn zur Wahrheit wird. „Hältst Du also aus, was Du über Dich selbst erkennst, indem Du Dich mir offenbarst?“

7.2 Die Antwort als Initialmoment des Wandels

Ein sehr wesentlicher menschlicher Mechanismus besteht darin, dass wir Dinge, die wir durchaus wissen, solange verleugnen können, bis wir sie in Worte gefasst haben, schlimmstenfalls unter Zeugen. Wenn ich z. B. spüre, dass ich jemanden nicht mehr liebe, kann ich bis zum Augenblick des Bekenntnisses relativ ungestört dagegen anleben. Ab dann ist es Wahrheit, und ab dann unterliegt es dem Prozess der ewigen Wandlung. In einem solchen Fall kann dies entweder bedeuten, dass ich den anderen wieder lieben kann, weil ich die Wahrheit ertragen kann, ihn jetzt nicht mehr zu lieben, oder es kann mir geschehen, dass ich in den Ozean einer ungewissen Zukunft gespült werde.

Uneingestandene Gefühle oder Nichtgefühle sind ein häufiger Bestandteil unserer Lebenslügen. Wie viele Frauen glauben wohl, ihrer Homosexualität dadurch entkommen zu können, dass sie es sich selbst nicht eingestehen? Sie leben in einer Illusion, die darin besteht, dass sie ihre Wahrheit vermeiden können, indem sie sich selber und ihre Partner über sich selbst belügen. „Wenn es mir gelingt, Dich zu täuschen, kann ich mich auch selbst vermeiden."

Wenn ich also mein Gegenüber mit der Frage „Wie geht es Dir?" dazu verführe, diese Zonen der Lebenslügen zu betreten, können damit Tore geöffnet werden, die sich dann nie wieder schließen lassen. Es ist ein interessantes und wesentliches Phänomen, dass man eine Kiste mit unbekanntem Inhalt nur *einmal* öffnen kann. Zwar kann ich sie dann wieder schließen, aber sie hat sich für immer in eine Kiste mit bekanntem Inhalt gewandelt.

Es sei an dieser Stelle auch betont, dass es durchaus legitim sein kann, bestimmte Zonen nicht zu betreten. Allerdings bedeutet das auch immer, sich gegen den Prozess des Bewusstwerdens zu entscheiden.

Initiation: Tod und Wiedergeburt

Wir haben uns alle von den Märchen faszinieren lassen, in denen der Held freundlich in ein Schloss aufgenommen wurde, in dem er sechs Türen durchschreiten durfte, eine siebte Tür aber verboten war. Stell Dir vor, wie wenig uns diese Märchen begeistert hätten, wenn sich der Held daran gehalten hätte. Hinter der siebten Tür erwartet ihn der Tod in einer seiner zahllosen Variationen. Er, der Tod, wird dann zum Meister der Wandlung und nur durch ihn geht die Geschichte weiter. Der vertrauensvolle Sprung in den Tod ist also die Pforte zur Auferstehung in eine neue Form des Lebens. Dieses uralte menschliche Wissen drückt sich in vielen Mythen und initiatischen Wegen aus. Initiatisch meint hier das schrittweise Eingeweihtwerden in immer tiefere Wahrheiten und Verwirklichungsebenen der Existenz.

Ein initiatisches System, das dieses sehr schön darstellt, ist zum Beispiel der Tarot, der den suchenden Adepten schrittweise über einen Prozess des geistigen Erwachens in Zerstörung und Tod führt, welcher durchlebt werden muss, um dann in der Auferstehung die eigentlich tiefen Schichten der Existenz, quasi wiedergeboren, begreifen zu können.[11]

Dieses auf den ersten Blick esoterisch anmutende Gedankengut erweist sich im Alltag aller Biografien als konstruktive Chance zum Verständnis tieferer Entwicklungsstufen. Hier sei daran erinnert, dass viele Gesellschaftsformen sich intensiv damit beschäftigten, den Übergang des Mädchens zur Frau durch die Entjungferung in ein kollektives Gesamtgeschehen einzubinden. In der Tat stirbt das Mädchen bei der Entjungferung und gibt die Frau in diesem Wandlungsprozess des Lebens zur Auferstehung frei.

Doch nicht nur hier – auch in Unternehmen spielen die Gesetze von Werden und Vergehen eine tragende Rolle. Einer der Gründe, weshalb viele Firmen die Berufung einer Führungskraft aus dem

---

11 Wunderschöne Geschichten zu initiatischen Prozessen aus der Welt der Sufi-Mystik findest Du bei Idries Shah [72].

Kreis ihrer Mitarbeiter vermeiden, liegt darin, dass am Tag der Einweihung dieses Mitarbeiters in die neue Führungsposition der ehemalige Kollege für immer stirbt. Oft wollen das beide Seiten nicht wahrhaben und man verirrt sich gemeinsam in einer geisterhaften Zwischenwelt, bis endlich beide Seiten begreifen, dass die alte Zusammengehörigkeit tot ist. Ein neues Funktionieren setzt zwingend voraus, das Alte in den Tod zu entlassen und das Neue unambivalent und vollständig aufzunehmen und zu integrieren.

Die Zahl dieser Übergänge zwischen Tod und Wiedergeburt lässt sich fast beliebig fortsetzten. Weitere gute Beispiele sind der Tag des Examens, an dem der Student stirbt und der examinierte Mensch geboren wird. Hier liegt ein wesentlicher Grund, weshalb manche Studenten sich davor scheuen, in die Examensphase einzutreten. Sie ahnen, dass das Leben der Erwachsenen neue Anforderungen stellt und fühlen sich diesen entweder nicht gewachsen oder fürchten ein so hohes Maß an Elend, dass sie sich an den Schutzraum des Studentseins klammern.

Genauso kritisch ist die Zeit nach dem Examen, da manche Studenten in der Aufgabe, ihr Examen abzulegen, 100% ihres Lebenssinns wahrnehmen und am Tag des abgeschlossenen Examens in ihr inneres Nichts stürzen. Dieses ist gemeint mit der Diagnose *Entlastungsdepression*. Das Phänomen des vermiedenen Examens ist durch die Jahrtausende als bekanntes Phänomen erkannt.

Vom *Puer Aeternus* über *Peter Pan* bis *Dorian Gray* sind die Literatur und die kollektive Bilderwelt voll von Wesen, die Wandlungen vermeiden wollen. Wandlungen faszinieren, aber sie erschrecken auch. Gleichzeitig erscheint es wichtig, daran zu denken, dass die vermiedene Wandlung in vielen Leben über die Stagnation und die Agonie und die Resignation genau zu dem Tod führt, den sie eigentlich vermeiden wollte.

Schwellensituationen

Manchmal treffen wir Menschen in Schwellensituationen. Man könnte diese Menschen vergleichen mit einer überreifen Frucht, die man nur leicht anstoßen muss, um den Prozess der Wandlung in Gang zu setzen. Oft verwenden diese Menschen dann ihre ganze Lebenskraft darauf, die Wandlung zu vermeiden. Sie sind aber andererseits enorm zur Wandlung verführbar, weil sie sich nach der Transformation, die sie einerseits um jeden Preis verhindern wollen, auch sehnen. Manchen gelingt es, die Wandlung zu verhindern. Sie erstarren, bleiben quasi sitzen. Ein gutes Beispiel hierfür ist die sprichwörtliche alte Jungfer, die sich selbst erhielt, um den Preis ihrer versäumten Erfüllung. Sie trocknet praktisch innerlich ein in dem Sinne, dass der energetische Fluss zum freudigen Leben versiegt. So bleibt dem ewigen Mädchen oft nur die Hoffnung auf den Tod, weil dieser die Brücke ins Paradies sein soll. Dieses Paradies ist letztendlich der Ort, an den sie zu Lebzeiten hätte kommen können, wenn sie bereit gewesen wäre, als Mädchen zu sterben und als Frau wiedergeboren zu werden.

Wenn auch manch einer im unberechtigten Gefühl der Überheblichkeit glaubt über das besagte Mädchen die Nase rümpfen zu dürfen, würden sich doch besser die meisten an eben diese eigene Nase fassen.

Noch vor Kurzem sagte ein wirklich reifer Mann von 76 Jahren über sich selbst: „Jetzt habe ich doch drei Ehen, viele Reisen, fünf Kinder und Jahrzehnte der Selbsterfahrung erlebt und doch spüre ich, dass es in mir einen Bereich gibt, der bis heute unerfüllt bleibt."

Beim Nachfragen wurde deutlich, dass er damit genau jene Situation an der Schwelle der Begegnung zum anderen Menschen meinte.

Natürlich hat er körperliche Nähe erfahren, natürlich ist er unzähligen Menschen in wesentlichen Bereichen seines und deren Leben begegnet und doch blieb auch er bis ins hohe Alter in seiner Weise jungfräulich.

Aus den unterschiedlichen Gründen hat er immer wieder versucht sich so weit wie möglich einzulassen und war doch immer, natürlich auch weil ihm ein adäquates Gegenüber vorenthalten blieb, an der eignen, inneren Mauer der Unverbindlichkeit zurückgewichen.

Der eigentliche Akt der Wandlung ist eben nicht alleine zu erzwingen. Ich muss an die Schwelle gehen und dann liegt es in der Macht des Lebens, ob ich dort die Begegnung erlebe, die mich diese Schwelle überschreiten lässt. Erst wenn ihm in der richtigen Situation, in der richtigen Verfassung, der richtige Mensch gegenübertritt, wird er die Schwelle überschreiten und seine bis dahin ungestillte Sehnsucht erfüllen können.

Diese besondere Situation erleben beeindruckend viele Menschen erst an der Schwelle ihres eigenen Todes oder des Todes einer ihrer Bezugspersonen. Der Grund dafür liegt darin, dass in diesen besonderen Momenten die Ansprüche des Ego in ihrer Irrelevanz erkennbar werden und zum Schweigen kommen. In diesem Schweigen wird dann die wahre existenzielle Natur der Beziehungen sichtbar.

Übungssache!

Bezogen auf unser Thema in diesem Buch scheint es uns aus den oben erwähnten Gründen wesentlich, unsere Parteinahme für ein achtsames Überschreiten von kommunikativen Grenzen zu bekennen. Dabei geht es nicht darum, Grenzen niederzutrampeln, sondern es geht darum, eine Grenze zu verstehen wie ein Gummiband, das vorsichtig und ohne es zu zerreißen ein wenig geweitet werden kann. Um es zu konkretisieren: Es lohnt sich in aller Regel, wenn Du sowohl als Fragender als auch als Gefragter ein Risiko eingehst und gemeinsam mit Deinem Gegenüber wagst, Deinen Bewusstseinsraum im Rahmen Deiner persönlichen Tragfähigkeit zu erweitern.

Noch konkreter: Wenn es für Dich schwierig ist, jemanden in die Augen zu schauen, nimm Dir vor, es mit einem vertrauten Menschen ein wenig zu üben. Wenn Du es dann besser kannst, dann übe es bei immer unvertrauteren Menschen und wachse an Deinen Erfahrungen. Diese Vorgehensweise kannst Du auf fast alle Lebensbereiche übertragen, und es ist dabei egal, ob Du eine Liebesbeziehung gestaltest oder vor Hunderten von Leuten eine Rede hältst.

Hier liegt einer der Punkte, an dem wir Menschen einander wirklich eine Hilfe sein können, indem wir uns gegenseitig ermutigen, jenen kleinen Schritt aus unserer inneren Erstarrung heraus zu wagen. Fast immer heilt Bewusstheit, vorausgesetzt, sie kommt nicht zu früh. Und: Ängstige Dich nicht zu sehr vor dem, was sich hinter der Mauer befindet. Die meisten Dinge, die wir so sehr fürchten, wenn sie uns selbst betreffen, sind im Lichte der Öffentlichkeit völlig harmlos.

Das trifft auf praktisch alle sogenannten „Makel“ zu. Gleichgültig, ob ich mich für zu dick, zu dumm oder zu ängstlich halte. Wenn ich meine Makel in einer geeigneten Situation, im Schutz guter Verbündeter achtsam offenbare, werde ich fast immer angenommen. Weil die anderen mich in meiner Schwäche akzeptieren, kann ich langsam anfangen, es ihnen gleich zu tun.

Übung: Der heilende Blick in den Spiegel

Folgende Übung gibt es in zwei Variationen, die wir hier beide vorstellen. Je nach Anlass empfehlen wir seit vielen Jahren, die eine oder andere einmal auszuprobieren.

Variante 1

Setzte Dich vor einen Spiegel. Wenn Du magst, stelle Dir den Küchenwecker auf fünfzehn Minuten, damit Du während der Übung nicht auf die Zeit achten musst und dennoch weißt, dass die Übungszeit begrenzt ist.

Schließe zunächst die Augen und lass Dich spüren, wie Du beim Einatmen ganz besonders Dein Herz wahrnimmst und dabei erlebst, wie Dein Herz voller Liebe ist. Atme ein paar Mal ein und wieder aus und lass Dich dies spüren, bis es Dir so vorkommt, als würde Dein Herz überfließen vor Liebe. Dann mach Dich in Deiner Zeit bereit, Dir selbst im Spiegel zu begegnen. Stell Dir vor, wie Du weiterhin beim Einatmen tief in Dein Herz spürst und dann, mit dem Ausatmen durch Deine Augen diese Liebesenergie nach außen strömen lässt.

Öffne nun zu Deiner Zeit die Augen und schau in den Spiegel. Lass die Liebe Deines Herzens mit Deinem Blick zu Deinem Spiegelbild strömen. Lege alle Wärme, alle Freude und auch alle Barmherzigkeit, derer Du fähig bist, in Deinen Blick und schau Dich an. Und dann lass Dich im Ausatmen, leise zu Dir selbst sprechen mit Worten, die von Deinem Herzen getragen sind: „Ich liebe Dich."

Lass Dich dieses immer weiter wiederholen, und lass Dich spüren, wie Du diese Worte immer klarer, mit der ganzen Wahrheit Deiner Seele füllst.

Wenn dann der Wecker klingelt, schließe die Augen, atme drei Mal in den Bauch, und öffne die Augen wieder. Verabschiede Dich vom Spiegel und ruhe Dich noch ein paar Minuten aus.

Variante 2

Die zweite Variante dieser Übung geht ein wenig weiter. Die Übung hat den Sinn, Dich mit Deiner Körperlichkeit und Deiner Geschlechtlichkeit zu verbinden und Dich mit Deiner Liebe insbesondere jenen Regionen Deines Körpers zu zuwenden, die Du sonst vernachlässigst oder mit denen Du unzufrieden bist. Wenn Du diese Übung machst, stelle sicher, dass Du nicht gestört wirst, und dass der Raum gut gewärmt ist. Mach Dir klar, dass diese Übung nur Sinn macht, wenn Du sie eine Stunde lang durchhältst. Daher brauchst Du auch für diese Übung einen Wecker, den Du auf eine Stunde stellst und startest, wenn Du beginnst. Du brauchst einen Spiegel, in dem Dein ganzer Körper sichtbar ist und einen zweiten Spiegel, der Dir erlaubt, Dich von hin-

ten zu sehen oder einen Handspiegel, mit dem Du über die Schulter schauen kannst. Dann brauchst Du noch einen Stuhl, um Dich nicht durch zu langes Stehen von Dir selbst abzulenken.

Zieh Dich nun ganz nackt aus, und stelle Dich vor den Spiegel. Schließe die Augen und lass den Atem beim Einatmen tief in Dein Herz strömen. Lass Dich wieder spüren, wie Deine Herzenergie beim Atmen wächst, das Herz wie ein Gefäß zunehmend ausfüllt, und wie beim Ausatmen diese Energie bereit ist, durch Deine Augen nach außen zu strömen. In Deiner Zeit, öffne die Augen und lass Deine Herzenergie durch Deine Augen zum Spiegelbild Deines Körpers hinüberströmen. Schau Dich an, sei achtsam, lass Dich Deinen Körper sehen, der Dich Dein ganzes Leben begleitet und ohne den auf Deiner jetzigen Ebene von Existenz Nichts möglich ist. Stell Dir vor, wie Du Deinen Körper beim Ausatmen mit der Energie Deines Herzens zunehmend einhüllst.

Vergegenwärtige Dir nun jene Stellen an Deinem Körper, mit denen Du vielleicht unzufrieden bist, die Du hässlich findest oder missgestaltet, und wende Dich diesen Bereichen ganz besonders zu. Lass die Liebe Deines Herzens besonders in diese Regionen fließen, solange bis Du spüren kannst, dass Du mit diesen Regionen ein wenig mehr Frieden geschlossen hast. Nimm Dir hierfür wirklich Zeit und stelle sicher, dass Du Deinen ganzen Körper anschaust. Schau Dich auch von hinten an und von den Seiten und ganz besonders erlaube Dir den Blick auf jene Körperteile, die vielleicht für Dich tabuisiert sind. Oft sind dieses die Geschlechtsteile. Schau auch da ganz genau hin, und lass die Liebe Deines Herzens solange in diese Regionen fließen, bis Du spüren kannst, dass es Dir leichter fällt, sie zu integrieren, dass Du sie ansehen kannst ohne Angst oder Scham. Zum Schluss, wenn der Wecker schellt, verneige Dich tief vor Dir selbst, zieh Dich an und gönne Dir ausreichend Ruhe, bevor Du Deinen Tag fortsetzt.

Viele Menschen haben uns berichtet, dass diese Übung, wenn sie sich wirklich darauf eingelassen haben, die Bedeutung eines wirklichen Durchbruchs zu sich selbst hatte.

7.3 Ertrage ich Deine Antwort – und damit Dich?

Nicht nur Dein Gesprächspartner kann sich überschätzen, Du selbst kannst es auch. Im Bereich der Traumapsychologie ist die Traumatisierung der Therapeuten durch das Anhören der traumatischen Geschichten ihrer Klienten ein wesentliches Thema. Manche Traumatherapeuten überschätzen die Anzahl an Klienten, die sie gleichzeitig behandeln können und entwickeln über kurz oder lang jene Symptomatik, die sie bei ihren Patienten behandeln. So werden sie dann zu Klienten ihrer eigenen Kollegen.

Für unser Thema ist das insofern relevant, als es zeigt, dass es nicht nur wichtig ist, mich selbst in der Intensität dosieren zu lernen, mit der ich auf andere zugehe. Genauso wichtig ist es, die Frage nach meiner eigenen Belastbarkeit, nach meiner Fähigkeit achtsam zu beobachten und dosieren zu lernen. „Wie viel vom anderen kann und will ich wirklich ertragen und wie viel nicht?"

Das ist beispielsweise häufig ein Problem von Führungskräften, die das Ideal haben, menschlich warmherzige und zugewandte Chefs zu sein. Ihr Ideal führt zu dem inneren Anspruch, für alles in ihrer Belegschaft ein offenes Ohr zu haben. Die Tür soll immer offen sein. Jeder kennt die Handynummer. Wir als Berater lernen diese Menschen häufig dann kennen, wenn dieses teilweise unbewusste Angebot akzeptiert wurde und plötzlich aus allen Ecken menschlich zutiefst nachvollziehbare Ansprüche nach Unterstützung und Hilfe auftauchen. Während der rationale und ethische Anteil ihrer Persönlichkeit sich den Ansprüchen wohlwollend widmet, gerät das innere Kind der Führungskraft in den Zustand vollkommener Überforderung. Es inszeniert sich die Situation eines Zauberlehrlings, der in bester Absicht die Geister rief, die er dann nicht mehr kontrollieren kann. Auch aus diesen Gründen ist es wichtig, dass Du nichts versprichst, was Du notfalls nicht auch beherrschen kannst.

Wichtig ist in diesem Kontext allerdings auch, dass ein Kontakt nur dann wirklich interessant ist, wenn er in gewissem Ausmaß eine Grenzerfahrung verkörpert. Es gehört zu den gnädigen Aspekten im Leben eines Therapeuten oder Coaches, dass hier, wie wahrscheinlich in keinem anderen beruflichen Feld, der Satz gilt, dass jeder die Klienten hat, die er verdient. Viele Kollegen gehen soweit, dass sie die Existenz von Zufällen überhaupt leugnen. Lisa Mardorf [49] hat diesem Phänomen der Synchronizität, ein Konzept, das auf C.G. Jung zurückgeht, ein ganzes Buch gewidmet.

Wir wissen nicht, ob es Zufälle gibt oder nicht, und doch sehen wir uns hin und wieder mit Ereignissen konfrontiert, bei denen einem Zweifel kommen könnten:

Im Lebenslauf von Beratern und Therapeuten gibt es beispielsweise offensichtlich immer wieder Phasen, in denen jeweils Klienten mit spezifischen Fragestellungen in ihre Praxis kommen. Sinnvoll ist es dann stets, sich die Frage zu stellen: „Was hat es mit mir selbst zu tun, dass gerade dieses Thema jetzt immer wieder zum Beratungsthema wird?" Meist ist es so, dass die angesprochenen Themen die Belastbarkeit des Beraters oder Therapeuten genau bis hin zu dessen Grenzen fordern.

Neben dem dringenden Schutz für Deine eigenen Grenzen ist es also genauso wichtig, Dich den Herausforderungen, die an Dich herangetragen werden, nicht zu verschließen. Wer mit allen Wassern gewaschen sein will, muss sich ganz oft nass machen.

Schwer aushaltbare Antworten

Manchmal kann es passieren, dass man in Begegnungen *sehr* nass wird. Es ereignet sich immer dann, wenn Deine Frage „Wie geht es Dir?" halb bewusst, halb unbewusst an Beziehungsphantasien Deines Gegenübers kratzt, die Dich selbst betreffen. Fast jeder kennt den Film „Eine verhängnisvolle Affäre", in der die Antwort der verführten Frau für den Frager beinahe tödlich wird: *Stalking* ist ein Beispiel dafür, dass die Antwort des Anderen auf unsere Frage zu einer Form von Liebeserklärung wird, die sich für uns selbst zu einer massiven persönlichen Belastung auswächst.

Solche Situationen sind weniger selten als man denken sollte. Schließlich handelt es sich dabei um ein Setting, in dem die *Sexualität* – einer der drei großen Träger spirituellen Wachstums – sich mit der *Aggression* und dem *Narzissmus* – den beiden anderen Energien – in einer Weise mischt, die durchaus auf Begegnung zielt, aber den Realitätsbezug aus den Augen verliert.

Es gibt aber nicht nur die Liebeserklärung, mit der unser Gegenüber uns aus der Fassung bringen kann. Mindestens genauso schwer zu ertragen sind jene Situationen, in denen die wahre Antwort auf unsere Frage, wie es dem anderen gehe, aus Verachtung und Wut dem Fragenden gegenüber bestehen kann. Fast jeder Mensch hat einen wunden Punkt, und es ist unglaublich, welche Präzision manche Menschen dabei entwickeln, diesen zu treffen. Auch hier ist Empörung keine wirkliche Hilfe. Du bist als Gegenüber einfach gefordert, auch diesen Menschen dafür zu danken, dass sie Deine Entwicklung unterstützen, indem sie Dir nachweisen, dass Du noch verwundbar bist.

Eine weitere Kategorie schwer aushaltbarer Antworten neben unerwünschten Liebeserklärungen und Verletzungen bilden Situationen, in denen Menschen uns Dinge oder Absichten mitteilen, die wir nicht akzeptieren können und die uns so zwingen, das Vertrauen, das sie uns schenken, zu enttäuschen. Ob man als Therapeut einem Patienten zugesteht, Selbstmord zu begehen, mag, abhängig von seiner Begründung, noch diskussionsfähig sein. Kündigt das Gegenüber jedoch ein Kapitalverbrechen an, wie zum Beispiel einen Mord oder sexuellen Missbrauch, bleibt dem Therapeuten keine Wahl. Er ist gezwungen, zum Verräter zu werden – um andere zu schützen.

Bezogen auf die Frage, ob ich die Antwort des Anderen ertragen kann, ist es also eindeutig wichtig, achtsam mit den eigenen Grenzen umzugehen. Dazu gehört auch selbstverständlich die Bereitschaft, „Nein“ zu sagen und für dieses „Nein“ auch einzutreten. In diesem Zusammenhang erscheint uns jedoch wichtig, darauf hinzuweisen, dass die Abgrenzung und die Verweigerung im Dienst des eigenen Ich auch übertrieben werden kann. Sicher kennst auch Du Menschen, die die zwanghafte Neigung haben, sich gegen alles und jeden abzugrenzen, weil sie fast jedes externe Anliegen als übergriffige Bedrohung der eigenen Identität fehlinterpretieren.

Viele Partnerschaften leiden darunter, dass einer der beiden Partner im Nein erstarrt ist. Oft gehen solche, dem ewigen Nein verfallene Menschen zu einem Therapeuten oder wenden sich an die Öffentlichkeit und machen dort die Erfahrung, in ihrer Abgrenzungswut unterstützt zu werden. Freunde wagen oft nicht, ein Nein zu relativieren, während viele Therapeuten anscheinend nicht wahrnehmen, dass das Nein auch überdosiert sein kann.

Wir wollen Dich dazu ermutigen, achtsam mit Deinen Grenzen umzugehen. Wenn Deine Grenzen wirklich zu schwach sind, dann schütze Dich. Frag Dich aber auch, ob Du das Nein zur Standardantwort entwickelt hast. Wenn dies so sein sollte, ist es nicht länger nötig, das Nein zu üben. *Ab jetzt liegt deine Entwicklungschance im Ja.*

Auch dieses Phänomen findet sich in den verschiedensten Lebensbereichen. Ein Chef, der zu nachgiebig ist, versagt in der Führungsrolle – ein Chef, der nie nachgibt, auch. In einer Liebesbeziehung gilt der gleiche Mechanismus. Wenn Du nur darum ringst, auf keinen Fall zu kurz zu kommen, stehst Du irgendwann mit leeren Händen da.

Viele Paare zerschellen am steten „Nein“ des anderen. Oft weiß der Neinsager gar nicht, was er angerichtet hat. Auch für das „Nein“

gilt der Satz: Wer den Bogen spannt, bis dass der Bogen bricht, wünscht sich, er hätte rechtzeitig aufgehört.

Praktisch jedes Leben gedeiht am besten dann, wenn es der Existenz so wenig Widerstand wie möglich entgegensetzt. Das bedeutet, den Kampf gegen die Existenz aufzugeben. Dies wiederum bedeutet, sich dem Dasein hinzugeben, was die tiefste mögliche Form des „Ja" darstellt.

Dieses „Ja" – das *nicht* aus der Schwäche des Nicht-Nein-Sagen-Könnens kommt – ist vielleicht eines der wesentlichsten Wachstumsziele des Menschen. Mit diesem „Ja" wirst Du leichter geboren, Du wirst leichter leben, glücklicher lieben und leichter sterben. Gemeint ist das „Ja", das von vielen Weisheitslehrern als die Kunst des Loslassens beschrieben wird. Um es zu finden, ist es nötig, zu verstehen, dass das kritische Denken in unserer Kultur völlig überschätzt wird. Um Loslassen zu können, ist es nötig, es hinter sich zu lassen

Alles ist schlecht, wenn Du die richtigen Fragen stellst, und alles ist gut, wenn du andere Fragen stellst. Die Kunst des Ja-Sagens manifestiert sich nicht immer nur an der existenziellen Basis unseres Lebens, an ernsthaften Situationen. Jedes „Ja" ist eine Chance, in eine neue Dimension der Möglichkeiten von Begegnung zu wachsen, Grundsätze aufzugeben und die Nähe zu erlauben, die durch diese Grundsätze unmöglich war. Interessanterweise sind diese Grundsätze oft so tief in der Seele verankert, dass eine Situation auf Leben und Tod notwendig scheint, um sie zu überwinden.

Stetes „Nein" – und ein beinahe versäumtes Leben

Auslöser war die Prostatakrebsdiagnose: Karls Krankheit brachte Karl und Eva in die Gruppe. Karls Operation stand unmittelbar bevor, die Prostata würde entfernt werden – verbunden mit der bangen Frage, was nach der Operation mit Karls Potenz sein würde, und der Angst, ob eine eventuelle Metastasierung ihn in absehbarer Zeit töten wür-

de. In diesen Tagen, angesichts des drohenden Todes, staunten Karl und Eva über das Ruhen ihrer Jahrzehnte währenden Kämpfe. Beide staunten über die tiefe Liebe, die bislang meist verschüttet gewesen war.

Das Gruppenseminar fand am Meer statt, und es gab eine Felsenbucht, die als FKK-Strand freigegeben war. Mit dem Nacktbaden hatte es für Karl und Eva eine besondere Bewandtnis: Jahrzehntelang hatte Karl versucht, Eva zu überreden, mit ihm an einen Nacktstrand zu gehen. Er hatte gebeten, gedrängt, argumentiert – ihr erklärt, wie sehr die gemeinsame Nacktheit, die Sonne und das Meer seine erotischen Gefühle zu ihr steigern würden. Doch Eva wollte nicht, und mit allem, was er tat und versuchte, setzte Karl sich aus ihrer Perspektive nur mehr und mehr ins Unrecht. Eva war katholisch erzogen worden – ein katholisches Mädchen, das gelernt hatte, sich zu schämen … Nachgegeben hatte sie Karls „exhibitionistischen Bitten" nur selten und unter Protest.

Jetzt, in diesen Tagen am Meer, gab Eva ihren Widerstand auf. Eva sagte „Ja" dazu, mit Karl an den FKK-Strand zu gehen. Zunächst wirkte ihr „Ja" wie ein Abschiedsgeschenk nach einem gemeinsamen Leben. Dann jedoch spürte sie ihr „Ja", spürte wie es in ihrem Herzen wuchs. Wie es über ihr eignes Herz hinaus wuchs zum Herzen ihres Mannes. Sie verstand auf einmal: Es war seine Liebe, die sie zur Nacktheit einlud. Sie konnte plötzlich ihre eigene Nacktheit in seiner Liebe geborgen fühlen und sie genoss auf diese Weise erstmals im Leben voll Begeisterung die Sonne, den Sand und das Wasser auf ihrer Haut.

Eva begriff: Karl hatte sie in all den Jahren mit seinem Anliegen der gemeinsamen Nacktheit nie verletzen wollte, und das „Ja", das ihr jetzt möglich wurde, war keine Unterwerfung, sondern bedeutete ihre eigene Erlösung. Heute versteht sie nicht mehr, wie sie sich so auf ihr Nein fixieren konnte.

Karl überlebte, auch sexuell. Was Karl und Eva heute verbindet, ist ein laut geschrienes „Ja" in ihrem gemeinsamen Leben.

Zu den wirklich hilfreichen Übungen, die wir Dir empfehlen können, gehört es, darüber zu meditieren, an welchen Stellen und zu welchen Themen Du in Deinem Leben und zu Deinen Beziehungen „Nein“ sagst.

Ja, wir wissen: Es gibt die Automatik in uns, die viel mehr Verständnis für unsere Weigerung aufbringt als für unsere Neugier. In diesem Bereich ist das Nein-Sagen der Scham verwandt, die wir ja oft auch als Verbündete fehlinterpretieren. Dennoch sei Dir empfohlen, zumindest einmal gedanklich auszuprobieren, was gut daran sein könnte, Dich dem bisher Verweigerten gegenüber zu öffnen. Dabei ist es egal, ob Du Dich als Klassikfan zu Deiner Frau in ein Rockkonzert setzt und mal ernsthaft hinspürst, weshalb sie es lieben könnte, oder ob Du bei einem Tandemsprung mit dem Fallschirm Deine Höhenangst relativierst. Oft ist das „Nein“ die Kerkermauer, hinter der unsere tiefste Lebensfreude gefangen gehalten wird.

Ein wichtiger Grund, sich dem „Ja“ zu verweigern, liegt, um es noch mal zu präziseren, darin, dass wir so viele Aspekte haben – Gewohnheiten, Privilegien, Meinungen –, die wir mit unserem wahren Wesen verwechseln und mit denen wir uns identifizieren. Wir glauben, wir seien all das. Manche denken, sie seien ihr Schamgefühl, sie seien ihre Religion oder auch ihre Firma, Berufsrolle, ihr Boot, ihr Haus. Entsprechend groß ist die Trauer, die Verzweiflung und die Angst, die auftreten kann, wenn wir einige oder viele oder auch im Vorfeld des Todes alle diese Äußerlichkeiten verlieren. Viele stürzen dann in völlige Verzweiflung, weil sie einfach vergessen haben, dass dies alles Äußerlichkeiten sind, die mit ihrem wahren Wesenskern, mit ihrer Seele, nichts zu tun haben.

An dieser Stelle möchten wir Dir anbieten, darüber zu meditieren, was passieren würde, wenn Du Deine Identifikation mit diesen Äußerlichkeiten aufgeben würdest. *Yalom* [89] beschreibt in seinem Buch ‚Existentielle Psychotherapie‘ eine Übung, die er Disidentifikation nennt. Wir empfehlen Dir sehr, diese Übung für Dich selbst zu erproben.

Übung: Disidentifikation 1

Wenn Du magst, nimm Dir eine halbe bis Dreiviertelstunde Zeit. Du kannst die Übung alleine oder mit einem oder mehreren Freunden oder gemeinsam mit Deinem Partner machen.

Lege acht leere Zettel vor Dich und schreibe dann auf jeden Zettel jeweils eine Antwort auf die immer gleiche Frage: Wer bin ich?

Wenn Du damit fertig bist, lege die Karten vor Dich hin und überprüfe die Antworten daraufhin, wie nah sie Deinem eigenen Wesenskern sind, bzw. wie weit sie von ihm entfernt sind. Wenn Du damit fertig bist, ordne die Karten hintereinander an, so dass oben auf dem Stapel die Karte liegt, auf der das steht, was Deinem Wesenskern am fernsten ist und ganz unten die Karte, auf der die Antwort steht, die Deinem inneren Wesen am Nächsten kommt. Auf Karte 1 könnte z. B. stehen: ‚Ich bin Autobesitzer', und auf der achten vielleicht: ‚Ich bin die Liebe zu meinen Kindern.' Wenn die Karten in Reihenfolge liegen, dann nimm Dir bitte die oberste Karte, lege sie vor Dich und beginne darüber zu meditieren, wie Du diesen Aspekt, bzw. diese Eigenschaft loslässt. Lass Dir Zeit. Am praktischsten ist es, wenn Du einen Wecker dabei hast, den Du auf vier Minuten einstellst.

Wenn das Signal erklingt, gehe weiter zur nächsten Karte, bis Du Dich aller acht Eigenschaften entledigt hast. Nimm Dir nun Zeit für Dich selbst, um diese Erfahrung zu verarbeiten. Wenn Du mit jemandem zusammen bist, ist es ideal, Dich mit ihm über Deine und seine Erlebnisse nacheinander ausführlich auszutauschen.

Yalom weist noch darauf hin, dass Disidentifikation ein sehr alter und gut gangbarer Weg der Wandlung ist und dass die Bewusstheit des Todes eine Kraft ist, die den Perspektivenwechsel fördert, und es einem Menschen ermöglicht zwischen seinem Kern und seinen Äußerlichkeiten zu unterscheiden. Oft führt diese Erkenntnis dazu, dass Menschen weitere Schritte gehen können. Sie können bewusst in ihren Kern investieren und sich ihrer Äußerlichkeiten entledigen. Ein sehr gutes Beispiel dafür ist die vorangegangene

Geschichte von Karl und Eva. Angesichts des drohenden Todes ihres Partners erkannte Eva, dass weder ihre angelernte Scham noch ihre weibliche Wut auf den Mann, noch ihre Vorurteile gegen Nudisten zu ihrem Wesenskern gehörten. Sie konnte sich dieser Aspekte entledigen und auf diese Art der Liebe in ihrem Kern die Brücke ins Dasein bauen.

Eine weitere Spielweise dieser Übung:[12]

Übung: Disidentifikation 2

Dabei werden die Teilnehmer gebeten, sich in einen meditativ entspannten Zustand zu versetzen, und dann an Eigenschaften oder wichtige aktuelle und verlorene Aspekte ihres Lebens zu denken. Dann sollten sie – bezogen auf jede einzelne dieser Eigenschaften – immer wieder den Satz ergänzen: „Ich bin nicht mein/meine … Meine wahre Seele ist frei davon."

Der Sinn dieser Übungen besteht darin, immer mehr von Deinen Rollen, Hüllen, Zwängen, Gewohnheiten etc. abzuschütteln und so Deinem eigenen Wesen immer näher zu kommen. Dieser Prozess ereignet sich auch in manchen Meditationen, wie beispielsweise der *Feuermeditation* [38], bei der die reinigende Kraft des Feuers als die Kraft, die das innere Wesen aus der Überlagerung von allen Äußerlichkeiten herauslösen und befreien soll, eingesetzt wird.

Es gibt Situationen, die, einmal entschieden, unumkehrbare Konsequenzen haben. Damit sind jene Situationen gemeint, in denen Du mit Deinem Ja eine Schwelle überschreitest und damit in einen Prozess gerätst, der durch nichts auf der Welt mehr aufzuhalten ist. Wir alle wissen, dass es unmöglich ist, bei der Schussfahrt zu wenden. Auch der Bungeespringer hat keine Chance mehr, sein

---

12 Diese Übung stellte *Joachim Kamphausen* auf einem Kongress in Bad Kissingen vor.

Ja rückgängig zu machen, wenn er einmal die Plattform verlassen hat. Auch der Lauf über glühende Kohlen ist eine solche Erfahrung.

Das Wesentliche an diesen Situationen besteht darin, dass sie charakteristisch sind für Schwellensituationen des Lebens.[13]

Pinguine: Todessprung ins Leben

Ein schönes Beispiel für diesen Sprung ins Leben liefert eine bestimmte Art von Pinguinen. Sie bauen ihre Nester zum Schutz vor Feinden auf einer hohen Klippe oder einem Hochplateau. Dort legen die Pinguineltern ihre Eier, brüten und ziehen die Kleinen groß. Wenn diese kleinen Pinguine ein bestimmtes Alter erreicht haben, kommt die Stunde, in der sie eine hundertprozentige Entscheidung treffen müssen: Sie, die noch nie im Wasser waren, müssen sich von der hohen Klippe kopfüber ins Meer stürzen. Es ist gefährlich, manche sterben dabei. Es gibt Tierfilme, die diesen entscheidenden Moment zeigen: Man sieht dann deutlich, wie viel Angst die Kleinen haben – man sieht buchstäblich ihre Knie zittern. Und dennoch, das Leben lässt ihnen nur die Wahl, entweder zu springen oder auf der Klippe zu verhungern, was einer Minderheit von Pinguinjungen tatsächlich passiert.

7.4 Risiken und Nebenwirkungen

Wenn wir in weiten Teilen unseres Buches davon sprechen, wie es möglich sein kann, achtsam und doch effektiv die Intensität einer Begegnung zu steigern, meint dies fast immer, dass wir mit unserem Gegenüber mehr austauschen als vorher. Wir lockern Grenzen und erkennen einander. Dabei darf jedoch eine mögliche Komplikation nicht unerwähnt bleiben:

---

13 Siehe dazu auch unsere Überlegungen zu Schwellensituationen in Kap. 7.2.

Wir selbst oder unser Gegenüber können so unter Druck stehen, dass wir nicht mehr in der Lage sind, uns wechselseitig auszutauschen und den anderen mit einem Schwall von Worten übergießen – oder übergossen werden.

Es gibt Menschen, die man bloß anschauen muss und schon fangen sie an auf uns einzureden und oft hören sie dann nicht mehr auf, bis wir schließlich mit Kopfschmerzen und Wut und völlig erschöpft eine Gelegenheit finden, diese verbale Misshandlung zu beenden.

In der Psychiatrie nennt man dieses Phänomen *Logorrhoe* oder auch sehr plastisch „Sprechdurchfall“. Dies kann ein Symptom verschiedener Hirnschädigungen sein. Für unser Thema hier ist aber das viel häufigere Phänomen wesentlich, dass manche Menschen, wenn sie über sich sprechen, den Kontakt zum anderen verlieren. Wenn Du sie fragst, wem sie gerade etwas mitteilen, stutzen sie kurz, verstehen die Frage oft nicht und reden weiter. Es fühlt sich an, als ob die Worte einfach auf den Teppich geworfen werden.

In vielen Organisationen findest Du Kollegen oder Chefs, die sich in Meetings in endlosen Tiraden über ihre Vision zur Weiterentwicklung des Unternehmens ergehen, fest verankert in der meist irrtümlichen Annahme ihrer eigenen Grandiosität und oft entkoppelt vom Kontakt zu ihren Kollegen und Mitarbeitern.

Ein Extrembeispiel dieser Art war zum Beispiel ein Chefarzt, der so lange und so langweilig redete, dass schließlich einer nach dem anderen den Raum verließ. Er redete weiter, noch lange, nachdem der letzte gegangen war. Unnötig zu erwähnen, dass derartige Führungskräfte nur eine endliche Zeit der Karriere haben. Oft sind sie vordergründig faszinierende und attraktive Menschen, die eine zeitlang in der Lage sind, die Aufmerksamkeit ihrer Mitarbeiter oder häufiger ihrer Auftraggeber zu halten. Wenn aber der letzte verstanden hat, dass sie nicht wirklich dem Unternehmen, sondern nur ihrer Selbstherrlichkeit verpflichtet sind, stürzen sie ab. Der oben erwähnte Chefarzt erhielt vom genervten Klinikbetreiber einen Auflösungsvertrag.

Urteile aber bitte nicht schnell. Du könntest auch so sein, ohne es zu wissen. Letztendlich ist das Phänomen der Logorrhoe nichts anderes als ein weiterer Hinweis darauf, nicht in Kontakt zu sein.

Sowohl im Beruf als auch in Liebesbeziehungen und vor allem auch in Freundschaften ist es wesentlich zu wissen, dass es völlig chancenlos ist, dem Logorrhoiker zuzuhören in der Hoffnung, er würde innehalten, merken, was er tut und nunmehr Interesse für sein Gegenüber entwickeln.

Die einzige Hoffnung ist die, ihn so heftig mit der eigenen Präsenz zu konfrontieren, dass er nicht anders kann als zu registrieren, dass der andere da ist und dass er auch ein Anrecht auf Raum hat.

Oft finden sich dann unter der Fassade des ständigen Redens massiv verletzte und unsichere Persönlichkeiten, die den verzweifelten Versuch unternehmen, doch noch wahrgenommen zu werden, angesichts einer Biographie des zu kurz gekommen Seins. Oft sind es übersehene Geschwister oder Kinder von hochgradig bedürftigen Eltern, die so sehr die Aufmerksamkeit ihres Kindes beanspruchen, dass es ein Leben braucht, um sich selbst nach diesem Chaos wiederzufinden. Gerade diese Menschen wehren sich oft lange gegen reale Begegnungen. Wenn sie dann aber fühlen, wie es ist, zu spüren, dass da wirklich andere relevante Menschen existieren, erleben sie dies wie eine Erlösung aus einer Hölle der Einsamkeit.

Nicht umsonst wurde von uns darauf hingewiesen, dass man selbst durchaus auch so jemand sein könnte. Man merkt es oft nicht, wenn man sich im eigenen Selbst verliert und so den Kontakt abbricht. Daher ist es für jeden sehr sinnvoll in allen Kontaktsituationen immer und immer zu überprüfen, ob man wirklich zu seinem Gegenüber in Bezug steht und ob dieses Gegenüber signalisiert, dass es bereit ist aufzunehmen, was ich ihm gerade sage oder zeige.

Oft reicht es schon, kurz darüber nachzudenken, wie die Redezeit gerade verteilt ist. Eine Frage ans Gegenüber wirkt oft Wunder: „Ist es Dir recht, wenn ich jetzt darüber rede?" – oder: „Rede ich Dir gerade zu viel?" – „Nerve ich Dich gerade?" – usw.

Als Opfer des Schwätzers bleibt nur die Möglichkeit, sich zu wehren. Dazu ist es wichtig, persönlich ganz sicher zu sein, dass es keine Situation geben kann und darf, in der ich jemandem schulde, ihm grenzenlos zuzuhören. Wenn mein Inneres signalisiert, dass ich mich von den Worten des anderen überschwemmt fühle, wenn ich anfange, mich als Zuhörer missbraucht zu fühlen, wenn ich spüre, dass der andere zwar redet, ich mich aber nicht angesprochen fühle, dann habe ich das Recht, vielleicht sogar die Pflicht, dies so auszudrücken, dass der andere es nicht überhören kann. Notfalls muss ich schreien oder den anderen kneifen oder deutlich die Situation unterbrechen. Dies ist respektvoll und liebevoll, denn nur so kann die Beziehung auf Dauer leben. Viele Freundschaften scheitern daran, dass eine von beiden dem anderen lange, zunehmend genervt zuhört, schließlich begreift, dass der andere sich nie für etwas anderes als sich selbst interessieren wird, und schließlich die Beziehung abbricht. Der Andere hatte so nie eine reale Chance.

Logorrhoe ist ein Beispiel dafür, dass es Beziehungen gibt, um die man massiv kämpfen muss, auch mit aggressiven Mitteln, wenn man den anderen zu sehr schätzt, um ihn nicht zu verlassen.

Eine Variante der Logorrhoe könnte man als kommunikative Inkontinenz bezeichnen. Wie bei der Logorrhoe redet der Betroffene ohne realen Kontakt zu Situation und Gegenüber. Das Gegenüber soll allerdings manchmal als Verbündeter verstrickt werden. Oft allerdings ist das nicht der Fall. Der kommunikativ Inkontinente hat einfach kein Gefühl dafür, was er anrichtet, wenn er bestimmte Dinge, oft persönliche Informationen eines Dritten preisgibt. Da ist die Ehefrau, die einem Geschäftspartner ihres Mannes erzählt, wie unangenehm sie die Geldgier ihres Gatten findet und so die Beziehung vergiftet. Da gibt es den Experten der stillen Post, der glaubt sein Netzwerk dadurch zu pflegen, indem er ausplaudert, was die Abwesenden über sein Gegenüber Abfälliges gesagt haben, schlimmstenfalls unter dem Siegel der Verschwiegenheit. Es gibt hierzu unzählige Beispiele bis hin zu der Mutter, die ihrer Freundin aus dem geheimen Tagebuch ihrer Tochter vorliest.

Eine weitere Variante kommunikativer Inkontinenz besteht in der unseligen Überzeugung, alles Belastende in jeder Situation unbedingt erst ausräumen zu müssen. Wie oft hörte ich von der deprimierenden Situation von Paaren, die sich besten Willens zur Liebe treffen. Die Situation ist freundlich konstruktiv, hoffnungsvoll. Dann sagt einer: Bevor ich mich jetzt wirklich auf Dich einlassen kann, Liebling, will ich Dir nur noch sagen, wie sehr mich Deine Äußerung am Freitag verletzt hat. Dies ist der sicherste Weg konstruktive Begegnungen zu zerstören. Gute Kommunikation gibt der Liebe ihren Raum und den Konflikten auch.

Wenn wir hier von Risiken und Nebenwirkungen sprechen, dann deshalb, weil hier scheinbar passiert, was wir sonst erstreben: Jemand öffnet sich und teilt sich mit. Die Art, wie es dann passiert, ist aber dennoch destruktiv. Hier wird deutlich, dass Offenheit nicht offen ist, wenn der achtsame Rapport zum anderen nicht besteht.

Wenn wir uns in Kontakten wirklich existenziell begegnen wollen, brauchen wir den achtsamen „Blick“ des anderen. *Barry Long* hat Recht, wenn er zu Blickkontakt bei der sexuellen Begegnung rät. Blickkontakt bei Meetings und Gesprächen unter Freunden ist genauso wichtig.

TEIL IV

ANKOMMEN

8. Begegnung, Transformation, Wandel

„Des Lebens Ruf an uns wird niemals enden ...
Wohlan denn, Herz, nimm Abschied und gesunde!“[14]

8.1 „Every contact leaves a trace" – Jede Begegnung verändert

Hab keine Angst davor, mir zu begegnen. Es wird Dich nicht verändern, lautet unsere Tröstung und unser Stoßgebet.

Vielleicht sind viele der Konventionen, die wir alle kennen, überhaupt nur entstanden, um uns vor dem Risiko einer Veränderung zu schützen. „Bleib wie Du bist!“ steht auf Geburtstagskarten, was letztendlich heißt: Verunsichere mich nicht durch die Wechselfälle deiner Existenz. Ich kann Dich am leichtesten lieben, wenn Du mir das beruhigende Gefühl der Kontinuität gibst.

Todesursache vieler Beziehungen ist die Langeweile. Gerade diese Langeweile bietet anderseits den sicheren Raum, den viele glauben, dringend bewahren zu müssen.

Gruppenarbeit unter Freunden

Peter lud seine langjährige und wie er dachte vertraute Freundin Isabell in seine Freundesgruppe ein. Von ihr wusste er, dass sie sich in

14 Hermann Hesse „Das Glasperlenspiel“, »Stufen«, Suhrkamp 1972,Seite 484

einer anonymen Gruppe in einer anderen Stadt traute, auch weniger angepasste Seiten zu erproben. Doch die Vorstellung einer Gruppe, an der viele ihrer Freunde teilnahmen, irritierte und ängstigte sie: „Dann würden mich ja meine Freunde anders kennen lernen. Das möchte ich nicht, sie sollen mich in Erinnerung behalten wie ich war." Angelika ist bis heute einsam, trotz vieler sogenannter Freunde. Ihre Einsamkeit ist das Resultat dessen, dass sie genau jene Ebene, die Ebene des gemeinsamen Schwingens, nie zu betreten wagt.[15]

Das eigentliche Faszinosum einer Beziehung besteht eben gerade darin, dass diese Beziehung mich dauerhaft verändert, indem sie mich an der Wurzel meiner Existenz erschüttert.

Deutlicher gesagt: Eine Beziehung ist weniger dazu da, dass Du Dich in ihr wohlfühlst, als dazu, dass Du Dich durch sie weiterentwickelst.

Gerade hier liegt eine massive Quelle der Ambivalenz bei vielen Menschen. Besonders in Liebesbeziehungen suchen wir uns Partner aus, die das Potential zur Veränderung bieten, und wenn wir dann mit diesen Menschen in einer Beziehung sind, tun wir alles, um den Partner daran zu hindern, das zu tun, wozu wir uns mit ihm verbanden.

Auferstehung – in jeder Begegnung

„Mehr noch als den Tod fürchten die Menschen die Liebe, denn den Tod kannst Du irgendwie überleben, aber die Liebe bringt Dich um." Was wir hier mit *Osho* [56] berühren, ist der *Auferstehungsmythos.* Er konfrontiert uns damit, dass am Anfang von

15 Vor Jahren entwickelten wir ein Modell der Gruppenarbeit, dem wir den Titel gaben: Freunde begegnen sich. Diese Arbeitsgruppe kommt dadurch zusammen, dass eine Person die Gelegenheit hat, möglichst viele Freunde zu einer gemeinsamen Selbsterfahrungsgruppe einzuladen. Der Gedanke dabei ist der, dass auf diese Art und Weise ein Freundeskreis einen enormen Entwicklungsschub erhalten kann, d.h. mehr Intensität, Verbundenheit und menschliche Nähe. Einige dieser Gruppen bestehen nunmehr seit Jahren, und die Beziehungen dieser Freunde sind in einem permanenten Wachstumsprozess begriffen.

Wandlungsprozessen oft der Tod des Alten als Voraussetzung der Auferstehung des Neuen steht.[16]

Die Weltliteratur ist voll mit Geschichten, die den Tod als einen Bruder der Liebe beschreiben. Den *Wandlungs- und Erlösungsmythos der Liebe* beschreibt *Erich Neumann* [54] in seinem Buch „Amor und Psyche“: Wenn man einander wirklich in der Tiefe begegnet, führt dies zu einer durchgreifenden Veränderung. Und die Konsequenz ist: Nach diesem Erlebnis kann man nie wieder sein wie zuvor.

Wohlgemerkt: Nicht nur jahrzehntelange Beziehungen erzeugen Wandlungen. *Jede Berührung, ebenso wie jede vermiedene Berührung hinterlässt veränderte Partner.* Wenn du darüber nachdenkst, wirst Du wahrscheinlich der Idee des Zen recht geben, dass ein Berg, den Du bestiegen hast, nie wieder der gleiche sein kann wie zuvor. Insofern ist Wandlung unvermeidbar, auch wenn immer wieder versucht wird, sie zu verhindern.

Hier wird wieder das absolute „Ja“ zum Prozess des Lebens gefordert. Jenes „Ja“, das im Englischen mit dem schönen Begriff *surrender* ausgedrückt ist. Der Begriff bedeutet, den Widerstand aufgeben und sich bedingungslos in die Hände der Existenz fallen zu lassen.

Ken Wilber [82] erzählt in seinem Buch „Eine kurze Geschichte des Kosmos“ die wunderschöne Parabel eines Suchenden, der eine riesenlange Leiter Stufe für Stufe hinaufklettert. Schließlich ist der Suchende oben auf der Leiter angelangt, steht dort und begreift: Zur Erleuchtung muss ich noch einen Schritt tun.

Dieser Sprung ins Nichts, das Loslassen, Transzendieren und Mit-Schwingen bietet sich Dir in allen Lebensfeldern jederzeit an. Zu den wirklich wichtigen Erfahrungen, wenn es um das Erleben des Schwingens geht, gehört die Erkenntnis, dass dieses Schwingen eigentlich immer existiert. Es ist bereit, letztendlich in Richtung auf ein sinnvolles Schwingen hinzufließen, vorausgesetzt man stört es nicht.

---

16 Siehe zum Thema „Tod und Wiedergeburt“ auch unsere Schilderungen in Kap. 7.2.

Wenn Du also bereit bist, zu springen – dann spring. *Es bedarf des Sprungs* für das Spüren des existenziellen Schwingens.

Übung: Tanz der Energien

Diese Übung kannst Du alleine machen, indem du Dich vor den Spiegel setzt und das Schwingen mit Dir selbst erfährst. Noch intensiver ist diese Übung aber, wenn Du sie mit einem anderen gemeinsam machst.

Setzt Euch so gegenüber, dass Eure Knie nahe beieinander sind, als würden im Spiegel Deine Knie die gegenüberliegenden Knie berühren. Ihr könnt die Übung am Boden im Schneidersitz machen, es geht aber auch, wenn ihr Euch auf Stühlen gegenübersitzt.

Schaut Euch nun fest und offen in die Augen und wendet Eure Handflächen dem Gegenüber bzw. dem Spiegel so zu, dass die Handflächen nah beieinander sind, einander spüren, aber nicht berühren. Nehmt Euch zuerst einen Moment Zeit, um Euch aufeinander einzuschwingen, bzw. Eure Energiefelder zu koordinieren. Lasst Euch, tief und frei atmen. Dann erlaubt den Handflächen, erst ganz langsam, dann so intensiv, wie es für Euch richtig ist, miteinander zu tanzen, wobei die Handflächen immer gegenüberbleiben müssen.

Wenn Euch danach ist, bezieht auch euren Oberkörper in diesen Tanz des Schwingens mit ein.

Ihr werdet merken, wann dieser Tanz zu Ende ist. Verbeugt euch danach voreinander, schließt die Augen und lasst Euch einen Moment nachschwingen.

8.2 Der magische Moment – Schwingen

Der Prozess des Eintauchens in ein Wirklichkeitserleben, das sich deutlich vom Alltäglichen abhebt und ebenso eindeutig als „höher" wahrgenommen wird – das Spüren der primären Wirklichkeit – gehört zu den erfüllenden Situationen aller Lebenswege, die nach vertiefter Weisheit suchen. Die kollektive Bilderwelt ist von alters her erfüllt mit Schilderungen dieses Phänomens. Wenn Du einen Menschen als strahlend erlebst, kommst Du dem, was die Alten mit dem Heiligenschein ausdrücken wollten, recht nah. Diesen Prozess schildert *Carlos Castaneda* [8], wenn er davon spricht, dass der sogenannte Montagepunkt der Seele verschoben wird, beziehungsweise, dass es dem Zauberer gelingt, die Welt anzuhalten. Das gleiche, das Heraustreten aus der gewohnten Welt in eine andere, oft als gleichzeitig erlebte parallele Ebene suchen die Sufis im Tanz und die Meditierenden in der Versenkung. Von diesem Erleben berichten die christlichen Mystiker wie *Teresa von Avila [3]*, *Johannes vom Kreuz [43]* und *Meister Eckhart [14]*. Nichts anderes bewegte die LSD-Generation, beispielsweise *Timothy Leary[45]*. All diesen Suchenden ist gemeinsam, ebenso wie vielleicht Buddha oder Christus, dass sie einen Zugang zu jener Erlebensform erschließen konnten. Gegenwärtig kommt *Willigis Jäger* [30] dieser Erlebensebene in seinen Schriften besonders nah.

Eines der wesentlichsten Erlebniselemente, die den Eintritt in diese Erlebenswelt ausmachen, ist, dass Du Dich intensiv mit Dir selbst verbunden fühlst und gleichzeitig über Dich hinausgehst. So stellst Du eine Verbindung zu allem anderen her. Alles ist da und doch ist alles nicht. Ein Erlebnis, von dem Meditierende bisweilen erzählen, ist das einer intensivst spürbaren Verbindung zur Natur, etwa zu Bäumen – nahezu eine *Kommunikation* mit den Bäumen.

Übung: Mein Freund der Baum

Eine schöne Übung, die Dir – vorausgesetzt Du lässt Dich darauf ein – ein Spüren von dem gerade beschriebenen Erleben erlaubt, ist die folgende:

Nimm Dir Zeit, diese Übung kannst Du nicht zwischen Tür und Angel machen. Zieh Dir etwas Strapazierfähiges an, und begib Dich in einen Wald oder Park, möglichst an eine Stelle, wo Du alleine bist.

Versuche die Augen weit genug offen zu halten, dass Du sehen kannst, und bemühe Dich gleichzeitig, den Blick auf unendlich zu stellen. Sei Dir Deiner Atmung bewusst. Atme ganz bewusst die Gerüche aus Deiner Umgebung ein und lass Dich die Magie des Platzes fühlen, an dem Du gerade bist.

Langsam, ganz langsam, stell Dir vor, Du nimmst Kontakt zu den Bäumen in Deiner Umgebung auf. Lass Dich umherziehen. Stell Dir vor, die Bäume würden zu Dir Kontakt aufnehmen, und Du zu den Bäumen. Irgendwo da auf Deinem Weg begegnest Du nun Deinem ganz persönlichen und befreundeten Baum. Lass Dir Zeit, diesen Baum zu finden, sei Dir bewusst, dass dieser Baum nicht beliebig ist. Und erst, wenn Du den Baum gefunden hast, geh zu ihm hin und umarme ihn. Halte ihn festumschlungen und lege Deine Wange an seine Rinde. Spüre die körperliche Verbindung zu einem mächtigen, weisen guten Freund. Bleib in Deiner Atmung. Stell Dir nun vor, wie dieser Baum Dir sein ganzes Leben erzählt, auf seine Art, in seiner Kraft, einfach indem all das Wissen des Baumes aus seinem Energiefeld in Deines fließt. Lass Dir für diesen Prozess Zeit und dann, wenn Eure Zeit gekommen ist, erzähl dem Baum Deine Geschichte. Lass Dein ganzes Leben über Deine Atmung in das Energiefeld dieses gütigen Freundes fließen. Vielleicht berührt Dich dieses sehr, vielleicht musst Du weinen, lass es einfach passieren.

Ganz langsam, erst wenn es wirklich an der Zeit ist, lass Euch von einander Abschied nehmen. Verbeuge Dich vor dem Baum, bedank Dich für die Begegnung und tritt Deinen Rückweg an.

Gerade in der Phase des *Übergangs* – der *Transzendenz* – werden die Kräfte, die die Tür zur anderen Wirklichkeit hüten, oft besonders stark. In Teams und anderen Gruppen zeigt sich der nahende Eintritt in diesen Zustand oft daran, dass einer oder mehrere in der Gruppe das, was gerade vor sich geht, wild beschimpfen.

Der Einbruch in das Erleben der primären Tiefe

Sie war das gemobbte Teammitglied, hatte also viel Leid durch die Gruppe erfahren. Kein Wunder, dass sie sich nicht einfach so öffnete. Sie wirkte aggressiv, abwehrend, entwertend und verteufelte das Coaching als unehrlich, sinn- und hoffnungslos. Dabei diente ihr Verhalten gleichzeitig unterschiedlichen Wünschen. Einerseits wollte sie davor fliehen, von der Gruppe wahrgenommen zu werden. „Ich will mich nicht offenbaren, schon gar nicht in einem Kreis von Menschen, die ich als feindselig erlebe." Anderseits aber diente ihre Aggression dazu, die Tragfähigkeit der Gruppe, vor allem aber die des Gruppenleiters auszutesten. „Falls ich es tatsächlich wagen würde, mich hier zu zeigen, kann ich dann darauf vertrauen, dass ihr mich auffangt und aushaltet? Bietest Du, Gruppenleiter, einen ausreichend großen Container für meine Not?" Genau diese Not, dieses Leid und ihre massive Existenzangst waren es, die dann, als ich ihr vermittelte, dass ich sie tragen kann, aus ihr herausbrachen. Sie sprach unter Schluchzen von ihrer täglichen Höllenfahrt zur Arbeit, ihrer Angst vor den Kollegen. Darüber, wie sehr ihr Kind, das sie allein erzog, unter ihrer Verzweiflung leide, und so weiter.

Schließlich verebbte ihr Schluchzen in ein stilles Weinen, und ich konnte es wagen, sie zu bitten, in die Runde zu schauen. Es war, als wäre jeder einzelne in der Gruppe ein großes Stück nach innen in den Kreis gerutscht. Die junge Frau spürte sich, als sie die Augen hob, eingebettet in ein Feld tragender, annehmender Energie. Alle anderen waren völlig zugewandt, richteten ihre Augen auf sie, ohne sie anzustarren. Alles, was vorher im Mobbing stattgefunden hatte, war wie ausgelöscht. Eine Atmosphäre von Aggression, Rivalität und Bewertung hatte sich zu einem gemeinsamen Schwingen gewandelt. Alle Kollegen machten Hilfsangebote. Dies alles geschah, weil genau das passierte, das zu verhindern, das wichtigste Anliegen dieser Frau am Anfang der Gruppe war. Keiner sollte ihre Blöße sehen. Sie wollte die Fassade der Souveränen, Unantastbaren um jeden Preis aufrechterhalten. Dass sie zusammenbrach, war ihre Erlösung und damit auch die der anderen Teilnehmer der Gruppe.

Analoge Prozesse gibt es in jeder Selbsterfahrungsgruppe, wenn die Tiefe der Selbstoffenbarung zunimmt. Immer sind einige Teilnehmer die Hüter der Distanz. Sie ringen verzweifelt darum, dass die Gruppe nicht tun solle, was ihnen so viel Angst macht – und sie sind fast immer diejenigen, die hinterher am meisten davon profitieren.

Momente des Übergangs

Der Einbruch in das Erleben der primären Tiefe, Wirklichkeit oder der primären Liebe ereignet sich in zahllosen Situationen. Wenn ein streitendes Paar sich im Streit plötzlich in die Arme nimmt, kann es passieren, dass alles, was vorher so wichtig war, dass man nur noch an Trennung als brauchbare Lösungsalternative glaubte, vollkommen unwichtig wird. Plötzlich spüren beide wieder jene Liebe, die sie durch ihr Leben trägt.

Ein wesentliches Medium zum Übergang in dieses Erleben ist *Körperkontakt*. Oft reicht es schon, wenn zwei Leute sich streiten, sie zu bitten, sich dabei an den Händen zu halten, um die Streitenergie, die fast immer Egoenergie ist, zu neutralisieren. *Alice Miller* [52] weist in ihrem Buch: „Das Drama des begabten Kindes" darauf hin, dass Mütter, die ihre Kinder schlagen, lernen sollen, ihnen dabei in die Augen zu sehen. Keine Mutter kann dann noch gewalttätig sein. Selbst Folterknechte sind meist außerstande, ihren Wahnsinn fortzusetzen, wenn sie durch unmittelbaren Kontakt gezwungen sind, ihr Opfer als mitmenschliches Wesen zu begreifen. Sie können nur in dieser Weise grausam sein, sofern sie den anderen für etwas Böses, Minderwertiges, Andersartiges halten. Kurz: für die *Projektion des eigenen Schattens.*

Eine wunderbare Möglichkeit, blockiertes Schwingen zu überwinden, ist der von *Colin Tipping* [78] beschriebene „Prozess der radikalen Vergebung" – eine eventuell missverständliche Formulierung, insofern sie vielleicht an kirchlich inszenierte Bigotterien erinnert, à la: „Alles verstehen heißt, alles verzeihen."

Tipping *meint* etwas ganz anderes. Wenn wir meinen uns sei ein Unrecht widerfahren, sollten wir nicht überheblich das Gegenüber abwerten, sondern unseren eigenen Beitrag zur jeweiligen Situation annehmen. Konkret bedeutet dies, *der Widersacher wird zum spirituellen Helfer.* Statt ihm aus der Opferrolle heraus großzügig zu verzeihen, begreifen wir, dass es nichts zu verzeihen gibt, weil wir nur in unserer Phantasie ein Opfer waren. Die darin ausgedrückte Haltung ist von hohem Wert im Prozess des gemeinsamen Schwingens, weil sie hilft, einen der möglichen Vorbehalte, durch die wir uns von einander trennen, nämlich die Illusion, der andere stehe in unserer Schuld, zu deaktivieren.

Wie bei vermutlich allen Lehren wird auch in dieser nur *einer von zahlreichen* Blockademechanismen berührt. Bezogen auf die in diesem Buch vorgestellten Trägerenergien hilft die radikale Vergebung bei der Überwindung der Aggression und bei der Heilung narzisstischer Wunden. Genauso wichtig ist und bleibt beispielsweise der Umstand, dass wahres Miteinander-Schwingen, der *erotischen Komponente* bedarf.

Das ist ein heikles Thema, weil das erotische Element als jenes der Hinwendung und der verbindenden Energie per Definition die Sexualität berührt. Genau hier droht der Höllenabgrund der kollektiv dämonisierten Sexualität, an dem die Erotik ihre Unschuld verliert und die Kluft zwischen den Menschen scheinbar unüberbrückbar wird.

Wenn spirituelle Transformation und damit die Überbrückung der Kluft zwischen den Menschen ein ernstes Ziel ist, ist es unabdingbar, dass es uns gelingt, der Erotik und damit unserer sexuellen Identität die Unschuld wiederzugeben, die ihr natürliches Erbe ist.

Es ist sehr berührend zu sehen, wie freudig Menschen sich öffnen, wenn sie im Schutz einer gewährenden Atmosphäre diese Bereiche berühren. So verlegten wir einmal ein Vorstandsseminar für einige Sitzungen ins Wasser: Die Gruppenteilnehmer trugen einander bei meditativer Musik durch das körperwarme Wasser. Alle Beteiligten erlebten diese Erfahrung als Offenbarung und betonten, es sei gut gewesen, dass sie nicht im Vorhinein gewusst hatten, was auf sie zukommt. Vieles, was vorher unüberwindlich schien, schmolz geradezu dahin in der erlebten körperlichen Präsenz der anderen.

Lockerlassen, Erweiterung, Ausdehnung – Fließen

Im Kontakt spüren wir Erweiterung und Ausdehnung – Fließen. Um Menschen – etwa eine Gruppe – in Schwingung und Berührtheit zu versetzen, bedarf es oft der Überschreitung der Grenzlinie zwischen formaler Erstarrung einerseits und Ausdehnung, Fließen, Offenheit andererseits. An Struktur gewöhnte Teilnehmer zu bitten, eine Zeit ohne Agenda miteinander zu verbringen, kann ein wirksames Sprungbrett sein für den Sprung aus der Welt der Gewohnheiten in eine Ebene tiefer zwischenmenschlicher Begegnung.

Treffen in den Flammen[17]

Der Workshop hatte erst vor drei Stunden begonnen, sollte zwei Tage lang dauern und schon jetzt herrschten Leere und Langeweile und Müdigkeit. Die Institutsmitarbeiter und die eingeladenen externen Kollegen saßen im Stuhlkreis zusammen und wechselten zwischen Apathie und unergiebigen Diskussionen.

Schließlich bat ich die Teilnehmer darum, die anderen als tatsächliche Kommunikationspartner zu registrieren. Ich regte an, sie mögen sich vorstellen, ähnlich wie Indianer, die schweigend Kriegsrat hielten, gemeinsam um ein Feuer zu sitzen. Um die Lagerfeueratmosphäre sinn-

17 Ein vergleichbares Vorgehen schildert etwa Jon Kabat-Zinn, [33], im Dialog mit Daniel Goleman.

fällig zu machen, modellierte ich mittels einer roten Decke ein großes Lagerfeuer in der Mitte des Stuhlkreises. Ich setzte mich vor dieses Lagerfeuer und blickte fünf Minuten in die fantasierten Flammen.

Es kam zum völligen Einbruch der inneren und äußeren Barrieren zwischen den Teilnehmern – zu einer tiefen Berührung. Für manche war die Konfrontation so stark, dass sie kurzfristig darüber nachdachten, das Seminar abzubrechen. Alle blieben, viele waren sehr aufgeregt. Es war etwas passiert, und vorerst war nicht fassbar, was es denn war.

Am Ende des Workshops äußerten sich alle begeistert über eine Veranstaltung, die einen Dialog auf einem völlig neuen Niveau von Begegnung ermöglicht hatte – auch jene, die zuvor reserviert gewesen waren. Es war, wie sich im Nachhinein zeigte, ein Workshop mit außerordentlich positiven, fruchtbaren Resultaten, Reaktionen und Signalwirkungen.

Ein ausgesprochen mächtiger Wall gegen die Erfahrung tieferer Erlebenszustände sind unsere Gewohnheiten und Konventionen. Jeder gut erzogene Mensch weiß, wie man isst. Dabei haben die meisten die ungestüme Lust vergessen und die Freude, die es Kindern bereitet, kleckernder Weise mit Nahrung zu spielen.

Übung: Lizenz zum Matschen

Auch diese Übung kannst Du alleine oder mit anderen zusammen machen.

Zuerst sorge dafür, dass Du einen Platz hast, der auch mal schmutzig werden darf. Idealerweise deckst Du Deinen Tisch, Deinen Stuhl und den Boden um Deinen Essplatz herum mit Malerfolie ab. Jetzt stellst Du ein Gericht, das Du vorher zubereitet hast unter dem Aspekt höchster Kleckertauglichkeit auf den Tisch. Sehr geeignet sind Spaghetti mit Tomatensoße oder Spinat.

Fang nun an, ohne Besteck, dafür ausgestattet mit der Erlaubnis,

Dich über und über zu besudeln, dieses Gericht zu essen. Wenn ihr zu mehreren seid, macht es viel Spaß, wenn ihr euch gegenseitig auch mal füttert. Lustig ist auch mit dem Essen zu spielen, indem man darin herumpatscht oder sich Spaghettis zuwirft. Man kann damit auch Freunden schöne Frisuren machen. Lasst euch wirklich spielen. Stelle vorher sicher, dass Du die Dusche erreichen kannst, ohne den Boden zu verschmutzen. Wenn es soweit ist, stell Dich unter eine warme Dusche und lass Dich unter dem warmen Wasser der Energie nachspüren.

Für ganz korrekte Regelbeachter sei erwähnt, dass eine solche Übung Dich menschlich in einer Weise weiterbringt, die ein größeres Geschenk für die Welt ist als Deine Skrupel, auch nur ein einziges Mal gegen die Regel zu verstoßen, mit Essen nicht spielen zu dürfen.

Viele berichten, dass diese Übung nicht nur unheimlich viel Freude macht und ganz viel Kontakt zum eigenen Selbst und zum anderen herstellt. Sie spüren, wie ihre Seele sich weitet.

8.3 Vorsicht, Falle!

Wir nähern uns langsam dem Ende unserer Reise zum Ich und zum Du. Lass uns nun noch kurz die Gefahren in den Blick nehmen, die am Wegesrand lauern – und die in der Auswirkung bisweilen an das Brettspiel *Mensch ärgere dich nicht* erinnern. Wenn Du in diese Fallen tappst, fliegst Du aus dem Parcours heraus und kannst wieder von vorne anfangen.

Zu früher Sprung aus der Struktur

Vielleicht ist Dir aufgefallen, dass wir auf unserer kleinen Safari durch die Welt der Begegnung immer versucht haben, Dich zu warnen, wenn wir an zwei verschiedene Arten von Abgründen kamen.

Der eine Abgrund hat mit *Strukturlosigkeit* zu tun. Das Phänomen ist seit langem bekannt: Ohne eine gute Verankerung im Hier und Jetzt, also ohne eine mit allen vorstellbaren Mitteln gestärkte Präsenz, werden wir keine Transzendenz erreichen. Da Präsenz eine Kraft ist, brauchen wir aber, um sie über uns hinausleiten zu können, tragfeste Strukturen. Diese dienen dazu, dass wir über diese Strukturen hinauswachsen können, indem wir uns an ihnen für den Sprung in die nächste Ebene abstoßen.

Strukturen sind wichtig, um uns zu tragen, damit wir über sie hinauswachsen können. Oder, um es mit *Karlfried Graf Dürckheim* zu sagen: *„Wer zu früh und zu intensiv meditiert und zu schnell weiterkommt, den holt der Teufel von hinten.“*[18]

Unsere banale Alltagswelt ist ein sehr guter Schutz vor zu frühem Erwachen, und wir können Dich nur ermutigen, Dich so fest an sie zu klammern, wie Du sie in Deiner Entwicklungsphase brauchst. Gib vertraute Strukturen nur und erst dann auf, wenn Du einen sicheren und tragfähigen Boden unter Deinen Füßen spürst.

Ideologische Fallen, konfektionierte Sinngebung

Der zweite Abgrund ist anderer Natur. Hier droht uns der Sturz in die Tiefe durch das scheinbar Höhere. Zu den wunderbaren Entwicklungen unserer Kultur gehört die enorme Freiheit, die uns die Aufklärung brachte. Endlich verloren so viele Ideologien, traditionelle Mächte und Sinngebungssysteme ihre Macht, und wir Menschen konnten, zumindest in unserem Teil der Welt, erstmals in der Geschichte uns selbst als Individuen erfahren. Doch kaum war die

---

18 Im Rahmen eines Vortrags in Rütte.

Freiheit geboren, traten schon die ersten Agenten der Unfreiheit im Gewande endgültige Erlösung versprechender Ideologien wieder auf den Plan. Dabei spielt es kaum eine Rolle, ob es sich dabei um den Faschismus, den Sozialismus oder sein malignes Hybrid, den Nationalsozialismus, handelt. Allen gemeinsam ist der Versuch, Dich über eine externe Moral von Dir selbst zu entfernen.

Es soll zwischen *Laotse* und *Konfuzius* einen Dialog gegeben haben, bei dem Konfuzius fragte: „Meister, wie kann es uns gelingen, moralische Kinder zu erziehen?" Laotse soll geantwortet haben: „Moral wird es erst geben, wenn der letzte diesen Begriff vergessen hat." Hier schließt sich der Kreis zu *Willigis Jäger*, der die Auffassung vertritt, dass der, der in der Liebe fundiert ist, sich liebevoll verhalten wird und daher keiner Moral bedarf.

Wenn Du Dich wirklich weiterentwickeln willst, nimm Abschied von der Illusion, dass weltanschauliche Systeme Dir Deinen Weg der Bewusstwerdung ersparen können. Hüte Dich vor jenen, die Dir erklären wollen, was das *Gute* und das *Richtige* ist.

Hüte Dich auch vor der kollektiv verbürgten vermeintlichen Gewissheit, die im Gewand *moralisch-ethischer Sprachregeln* daherkommen – der *„political correctness"*.[19] Lass Dich nicht manipulieren. Die Wahrheit ist in Dir, sie war immer da und sie wird Dich nicht verlassen. Alles, was nötig ist liegt in dem Schritt, das, was Dich von ihr ablenkt, loszulassen.

… die Tür geht nach innen auf

Johannas Elternhaus war religiös, ihre Kindheit geprägt von rückhaltloser Strenge. Besonders der Vater war die Inkarnation eines hochmora-

---

19 Das Phänomen der *political correctness*, kurz *pc*, hat in vielen Lebensbereichen groteske und inflationäre Ausmaße angenommen und fungiert dergestalt mehr und mehr als Instrument der Täuschung und Manipulation. Der Psychoanalytiker H. S. Schwartz [68] hat dazu die plausible These aufgestellt, dass diese *pc* bedeutet, das Über-Ich dem Ich-Ideal und das Richtige zunehmend einem immer weniger ehrlichen sozialen Konsens zu opfern.

lischen Zuchtmeisters. Einerseits war er gütig, doch andererseits schlug er sie häufig, ohne dass sie wirklich verstand warum.

Eines Tages, Johanna war neun Jahre alt, passierte es: Johanna zog sich gerade in ihrem Zimmer vor dem Kleiderschrank um, als ihr Vater ins Zimmer trat, sich auf sie stürzte, sie zu Boden warf und in ihre Hose griff. Die Mutter betrat das Zimmer, ermahnte den Vater, der von Johanna abließ und schluchzend zusammenbrach. Gleich danach war er wieder ganz der Alte.

Johanna aber hatte das Vertrauen zu ihrem Vater und zu dem Gott, den er predigte, verloren. Was sie nicht verloren hatte, war ihre Sehnsucht nach spirituellen Erfahrungen, und den Glauben, dass diese am ehesten aus rückhaltloser Strenge und Triebverzicht kommen.

Kaum war Johanna dem Elternhaus entwachsen, wandte sie sich – dem Zeitgeist entsprechend – einer Erlösungssekte zu. Sie tat dies mit der gleichen rigorosen Strenge, die sie aus ihrem Elternhaus kannte. In einem Kloster der Sekte in Südeuropa wähnte sie sich endlich zu Hause.

Eines Tages befahl einer der obersten Mönche Johanna zu sich zum Gespräch, um dann über sie herzufallen wie ihr Vater damals – für Johanna eine traumatische Erfahrung. Sie rettete sich zu einem jüngeren Sektenmitglied, mit dem sie das Kloster verließ. Doch dieser Mann sperrte sie ein, vergewaltigte sie mehrfach, bis sie fliehen konnte. Ihre Hoffnung, in dieser Art von Sekten Frieden zu finden, zerbrach. Doch sie setzte ihre Suche nach Spiritualität durch das Studium der Religionswissenschaften fort. Als neue Zuchtmeister wählte sie die Professoren, denen sie sich stets aufs Neue unterwarf, und die sie immer wieder enttäuschten.

Was Johanna, eine hochintelligente Frau, bis in ihr fünfzigstes Jahr nicht einmal ahnte, war: Ihre Chance auf Erlösung lag nicht in einer Religion oder in der rationalen Auseinandersetzung mit Religion – ihre Chance auf Erlösung lag in der Abkehr von der Autorität.

Erst in der völligen Erschöpfung wiederholte sich an ihr die alte Zen-Geschichte:

Ein Mensch ist auf dem Weg zur Erleuchtung. Er weiß, dass er nur noch durch eine Tür muss, um ans Licht zu gelangen. Er findet die Tür, findet die Klinke und stößt dagegen, aber die Tür öffnet sich nicht. Er stößt, tritt und rüttelt bis zur äußersten Erschöpfung. Schließlich sinkt er zusammen. Er hält sich an der Klinke fest. Noch im Sturz begreift er, die Tür geht nach innen auf.

Übung: Die Zügel lockern

Wenn Du magst, nimm Dir ein Blatt Papier und einen Kugelschreiber und lass Dich mal frei assoziieren, was es in Deiner Beziehung gerade für Regeln gibt. Was darfst Du auf keinen Fall Deinem Partner sagen? Was darfst Du auf keinen Fall tun?

Fertige zu beiden Punkten eine Liste an und mach Dir bewusst, wie sehr diese Vorschriften die Atmosphäre in Deiner Beziehung prägen. Wenn Du dies sehr klar vor Augen hast, lass Dich Stück für Stück darüber phantasieren, wie Eure Beziehung sich weiterentwickeln würde, wenn Du diese Vorschriften lockern würdest. Gemeint ist ausdrücklich lockern und nicht streichen. Stell Dir zuerst vor, wie schrecklich Eure Beziehung ohne diese Vorschriften wäre und dann stell Dir vor, wie die Beziehung in gutem Sinne wachsen könnte, mit weniger Verhaltensvorschriften und dafür mehr Authentizität auf beiden Seiten. Wenn möglich diskutiere Deine Visionen und die Erkenntnisse dieser Übung mit Deinem Partner.

Progression statt Regression

Es erscheint uns wichtig, an dieser Stelle noch einmal den Unterschied zwischen einem *regressiven* und einer *progressiven* Prozess zu betonen und zu präzisieren. *Progression* lässt sich beispielsweise mit dem auf *Arthur Koestler* [40] zurückgehenden, von *Ken Wilber* [81] angewandten System der *Holonologie* erfassen: Progression beruht, vereinfacht gesagt, auf Integration und Fortschreiten. Eine progressive Form der Veränderung ist eine stufenweise Bewusstseinsentwicklung, bei der die nächste Stufe stets die vorherige integriert und über diese hinausgeht. Das heißt konkret beispielsweise: Nur was Du wirklich besitzt, kannst Du wahrhaft loslassen. Nur wer ein Egoist sein kann, ist fähig, ein Altruist zu sein.

9. Dasein in Liebe – Der Kreis schließt sich

„Si vis amari, ama!" –
„Wenn Du geliebt werden willst, liebe!"[20]

9.1 Schauplätze

Wir nähern uns dem Ende unserer Reise. Wir haben einen Weg erforscht, der durch viele Welten führt. Er kann von jedem beschritten werden, im Business, in der Liebesbeziehung, in der Freundschaft, im Alltag. Er verlangt stets dasselbe: Mut und Offenheit. Er verlangt möglicherweise, Loslösungsprozesse zu wagen, die vielleicht schmerzen oder ängstigen. Und er verheißt stets dasselbe: Begegnung, Bewusstheit und Heilung.

Lass uns abschließend einige der typischen Schauplätze sichten.

Business-Welt und Berufsalltag

Ein wesentliches Feld, in dem Du die oben beschriebenen Prozesse von Begegnung und Loslösung aus Gewohntem gut erkennen und anwenden kannst, ist unsere berufliche Welt.

Grundsätzlich erkennen wir in der Business-Welt zwei auf den ersten Blick gegenläufige Prozesse: Zum einen die Chance, in der Überwindung des Egozentrischen der existenziellen Einsamkeit zu entkommen; ein Prozess, den man als Chance für eine Elite bezeichnen könnte, weil hierzu ein hohes Maß an Bewusstheit und Lebenserfahrung gehört, ebenso wie genügend Zeit, um die dazu notwendigen Prozesse angehen zu können. Ideale Voraussetzungen hat hier beispielsweise ein Headhunter, der mit fünfundvierzig äußerte: „Bis zum Alter von dreiundvierzig hab ich mich gequält, jetzt

20 Seneca [69].

hab ich genug Geld, um den Rest meines Leben in meine Heilung zu investieren." Bei anderen stellt sich um die Lebensmitte die Sinnfrage und neben dem Streben nach Karriere rücken Themen der Selbstverwirklichung in den Fokus. Es beginnt ein langer Weg des spirituellen Reifens.

Auf der anderen Seite des Spektrums geraten große Teile der Menschen, die in der Wirtschaft tätig sind, angesichts der Globalisierung und Destabilisierung sozialer Strukturen in ein zunehmendes Bedrohungsszenario, in dem die Orientierung verloren zu gehen droht. Die Betroffenen suchen Halt und werden anfällig für einen Rückfall in konfektionierte Sinngebungssysteme wie Religion und religiös nutzbare Weltanschauungen.

Der erste Ausweg führt also in höhere, damit auch unbekannte Bewusstseinsebenen, der andere reaktiviert gerade jene Sinngebungssysteme, die eigentlich schon überwunden sind.

Auch wenn diese beiden Entwicklungswege unendlich weit voneinander entfernt zu liegen scheinen, haben sie einen gemeinsamen Nenner: Not und Leere erschaffen den Druck, der für ein Erwachen aus der Selbstbezogenheit hin zum Erkennen des Du nötig ist.

Vielleicht ist es hilfreich, sich klar zu machen, dass der spirituelle Prozess aller Menschen weltweit der gleiche zu sein scheint, auch wenn die Bühnen, auf denen er sich inszeniert, völlig verschieden sind. Um es mit *Eckhard Tolle* [79] zu sagen: „Reichtum bietet die Möglichkeit der Inszenierung Deines existenziellen Konflikts auf komfortablem Niveau".[21]

Wir alle verbringen zwischen sechs und fünfzehn Stunden täglich am Arbeitsplatz. Hier halten wir uns häufig deutlich länger auf als im Kreise unserer engsten Familienangehörigen. Objektiv ist es sicher ganz unmöglich, auch nur das Geringste von dem, was uns persönlich ausmacht, dauerhaft zu verheimlichen. Dennoch ver-

21 Eckhard Tolle [79]

suchen viele Menschen, eine geradezu strikte Trennung zwischen ihrer privaten und beruflichen Rolle aufrecht zu erhalten. Auch hier gilt, dass das bis zu einem gewissen Maße sinnvoll ist. Problematisch wird es dann, wenn Du bezüglich Deiner Intimsphäre immer ängstlicher wirst und denkst, dass Du Dich ständig wegen jeder Kleinigkeit abgrenzen musst. Der Hintergrund ist in der Regel ein tiefes Misstrauen gegen die Welt im Allgemeinen, das u. a. zustande kommt durch die Projektion Deiner eigenen Feindseligkeit in die Mitwelt.

Wenn Du anfängst, dosierte Risiken einzugehen – das hier ist Dein Sprungbrett in die höhere Bewusstheit –, wirst Du fast immer feststellen, dass die anderen netter sind, als Du dachtest, und Du mit ihnen entspannter umgehen könntest. Umgekehrt wirst Du Deine Kollegen, wenn Du entspannter und humorvoller bist und Dich weniger abgrenzt, nicht so sehr nerven. Dadurch entspannen diese sich auch, und Du wirst merken, dass Deine ganz alltägliche Arbeit weniger schwer sein wird.

In unserer täglichen Arbeit machen wir mit vielen Menschen immer und immer wieder die Erfahrung, dass die Vorstellung, wie schwierig etwas ist, nur bis zur Schwelle stimmt. Hinter der Schwelle wird es oft ganz einfach.

Der Volksmund weiß das. Du kennst sicher den Spruch: „Ist der Ruf erst ruiniert, lebt es sich völlig ungeniert." Dabei ist der Gedanke wichtig, dass das, was wir als guten Ruf erleben, häufig ein buntes Sammelsurium von sozialen Zuschreibungen ist, die die wenigsten überprüft haben. Wenn Du Deinen Ruf riskierst und Dich selbst zeigst, wirst Du in der Regel tief überrascht feststellen, dass Du selbst völlig ausreichst in Deinem Sosein. Du brauchst keinen guten Ruf mehr, weil Du weißt, dass Du liebenswert bist. Wer weiß, dass er liebenswert ist, geniert sich nicht mehr.

Mann-Frau-Beziehung – Versöhnung auf dem Feld der Liebe

Die Begegnung betrachten wir als das Wesentliche – ob im Beruf oder in der Liebesbeziehung. Diese Begegnung ist unabdingbar stets eine Begegnung mit dem Anderen und eine Begegnung mit dem Eigenen, sie ist gebunden an Offenheit und Kommunikation wie an Identität und Authentizität. So wie in der Businesswelt die vermutlich chancenreichste Entwicklung für Unternehmen und deren Mitarbeitern in der gegenseitigen Wahrnehmung und Wertschätzung unterschiedlicher Businesspartner besteht, sehen wir die Chancen für die Mann-Frau-Beziehung in einem Zugang, in dem das Männliche und das Weibliche *im Schutz starker sexueller Identität* einander zu begegnen lernen, jenseits der alten Verletzungen und auf der Grundlage tiefer Würde und Wertschätzung.

Mit diesem Versuch, zu einer *wahren Gleichwertigkeit der Geschlechter* durchzudringen, verlassen wir also den Bereich der einseitigen Parteinahme für das Weibliche, wie sie sich in zahlreichen zeitgenössischen Werken zur Sexualität findet, etwa *Daniel Odier [55], Barry Long [46], Diana Richardson [62].*

Dieses Buch will dafür werben, dass Männer und Frauen, ebenso wie Männer untereinander und Frauen untereinander, ganz gleich in welchen Kontexten, lernen und wagen, einander zu zeigen und einander zu sehen.

Wie für jeden progressiven Entwicklungsprozess gilt auch hier: Damit Du lieben kannst, brauchst Du ein sehr stabiles, verlässliches und tragfähiges Ego, d.h. schutz- und haltgebende, stabile und tragfähige Strukturen.

9.2 Verdeutlichungen anhand des Präsenzdreiecks

Lass uns den Prozess der Begegnung, das Sich-dem-Dasein-Anvertrauen, die Hingabe konkret betrachten. Wir nutzen dazu unser *Präsenz-Dreieck:* Je mehr Dir die Hingabe gelingt, desto spürbarer verschiebt sich Dein Fokus in die Mitte unseres Präsenz-Dreiecks. Du bist einfach da, getragen von Deinen Trägerenergien und offen.

Exemplarisch lässt sich das gut verdeutlichen am Thema *Führung in Liebe* – am Beispiel der Ausbildung von Gruppentherapeuten. Je unerfahrener ein Gruppenleiter ist, desto stärker ist sein Gefühl, er müsse eingreifen. Häufig führt das dazu, dass die Gruppe erst gar nicht anfängt, sondern in einer Art pädagogischem Gesprächskreis stagniert. Wer nie erlebt hat, was in der Gruppe sein kann, hält das dann für Gruppentherapie. Viel schlimmer sind jene Situationen, in denen der Lernende durchaus weiß, was in der Gruppe sein könnte, und dann versucht, den Gruppenprozess durch seine Interventionen zu erzwingen. Eine Gruppe reagiert auf die Störung mit freundlicher Ignoranz bis hin zu massiven Ärger. Der wichtige initiatische Schritt für einen Gruppenleiter besteht darin, sich vor den Kräften der Gruppe zu verbeugen und hingebungsvoll dem zu folgen, was ohnehin geschieht. Er merkt dann schon, in welcher Weise ihn die Gruppe als Leiter braucht. Wenn er dem folgt, wird es gut laufen.

Bezogen auf unser Präsenz-Dreieck könnte man sagen, dass der beschriebene Gruppenleiter nicht im Präsenzfokus ist

1. weil seine Insuffizienzgefühle und Versagensängste ihn in seine narzisstische Ecke ziehen und oder
2. weil sein pädagogischer Impetus ihn zum Aggressor macht oder
3. weil sein Zugehörigkeitsbedürfnis ihn vom Geschehen ablenkt, indem es ihn verführt, in die pseudoharmonische Ecke der Sexualität abzudriften.

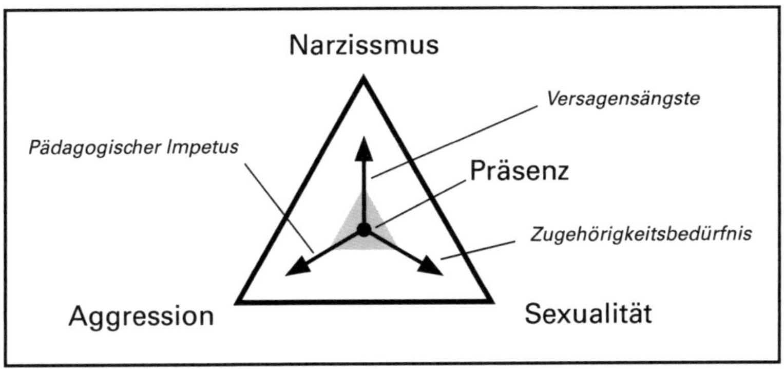

Abb. 6: Bedrohungen der Präsenz eines Gruppenleiters

Das Kapitel heißt auch deshalb *Dasein in Liebe*, weil dieser Ausdruck darauf hinweisen soll, dass die Liebe der Container ist, in dem Euer Dasein stattfindet. Das bedeutet, dass die Kraft, die den Prozess letztendlich entscheidet, über Euch selbst hinausgeht. Die Liebe kontrolliert Euch, nicht Ihr die Liebe.

Dasein in Liebe ist der Zustand, den Du in dem Moment erkennst, in dem sich Dein Bewusstsein erweitert und Du von Deinem Ego unabhängig wirst. Aus der kontrollierenden Haltung wird jetzt die kontemplative, die im Bereich der Meditation mit dem Begriff „mindfulness" oder auf Deutsch „Achtsamkeit" bezeichnet wird.

Jede wesentliche Entscheidung, ob diese konstruktiv oder hinderlich ist, hängt im Kern davon ab, ob diese Kraft, die wir oben Liebe genannt haben, führend war, als sie getroffen wurde. Es ist dabei mehr gemeint als das bloße Bauchgefühl. Es geht nicht nur um Dich und darum, ob etwas für Dich stimmig ist! Erst, wenn der gemeinsame kreative Prozess in Gang gekommen und daher für beide Partner spürbar ist, wird eine Entscheidung reibungslos umsetzbar sein. Hier stößt dann unser narzisstischer, egozentrischer Anteil mit jenem Anteil in uns zusammen, der eigene Grenzen überschreiten will, im Sinne einer tiefen, liebevollen Beziehung, die von Achtsamkeit getragen ist. Dies gilt für jede Intervention eines Coachs, für jede Entscheidung im Businessbereich und natürlich für alle Entwicklungen in Beziehungen.

Kredit für Blödheit

Es bedarf einer hohen Bewusstseinskraft, diese praktisch immer vorhandene Entscheidungsmöglichkeit zwischen Narzissmus und Verbundenheit permanent im Feld unserer Achtsamkeit zu halten. Wahrscheinlich ist dies nicht nur anstrengend, sondern unmöglich. Umso wichtiger ist es, dass Du *keinen Leistungsdruck* aufbaust. Selbst, wenn Du es nur einmal im Jahr schaffen solltest, Dich in einer Konfliktsituation gegen Dein narzisstisches gekränkt Sein und für die Annahme Deines Gegenübers zu entscheiden, bist Du einen echten Schritt weiter.

Bei der Arbeit mit Paaren, die ihre Beziehung im Sinne von größerer Achtsamkeit verbessern wollen, hat es sich beispielsweise als ratsam erwiesen, dass beide sich für sich selber und für den Partner während der gesamten Dauer der Arbeit einen unbegrenzten Kredit für Blödheit geben. Interessanterweise wächst das Ausmaß der Blödheit immer dann am eindrucksvollsten, wenn der Anspruch auf Weisheit gestellt wird.

Bezogen auf unsere Beispiele ist es natürlich stark vereinfachend, immer nur *eine* Interaktionsposition zu beschreiben. In Wirklichkeit steht Deinem Präsenzdreieck natürlich immer das Präsenzdreieck Deines oder Deiner Interaktionspartner gegenüber.

Wir alle haben die Erfahrung, dass Begegnung helfen kann, Konflikte zu lösen und zu heilen. Diese Heilung vollzieht sich, indem einer von beiden auf der Grundlage stärkerer innerer Weite, wenn Du willst größerer Liebe, dem anderen einen Raum zur Verfügung stellt, in dem dieser, ohne sich als Verlierer zu fühlen, über sich hinauswachsen kann. Bezogen auf unsere Betrachtungen zur Präsenz heißt das, dass derjenige von beiden, der präsenter ist, durch seine

Präsenz dem anderen hilft, die Verschiebungen in seinem Präsenzdreieck hin zu einer stärkeren Zentrierung zu verschieben.

Erleuchtung?

In diesem Sinne könnte man den unendlich missbrauchten Begriff der Erleuchtung vielleicht doch noch mal versuchen zu definieren. Erleuchtung „ist", wenn mein eigenes Präsenzdreieck oder aber mein eigenes und das meines Partners zu hundert Prozent in der Mitte des Dreiecks liegen. An dieser Stelle löst Du Dich auf in Deinem Dasein und gehst ein in einen Ozean voll liebender Energie.

Wir alle ahnen diesen Zustand oder haben ihn vielleicht erfahren in Momenten ekstatischer Begegnung mit uns selbst, mit der Natur, mit anderen Menschen und besonders in den Sternstunden unserer sexuellen Erlebnisse.

Wenn Du das an Dich heranlässt, macht der alte Yogagruß: „Namasté – Ich erkenne das Göttliche in Dir" auf ganz neuem Niveau Sinn. Denn jenes Phänomen, das mangels adäquater Begriffe ‚das Göttliche' genannt wird, ist genau das, womit Du in Kontakt kommst, wenn Du Dich einem anderen Wesen öffnest. Die Qualität einer Begegnung hängt von der Frage ab, wie intensiv Deine und meine göttliche Energie einander berühren. Von dieser Berührung ist in diesem Buch die Rede.

9.3 Präsenz im Licht der Transaktionsanalyse

Lass uns den Prozess der Reifung von Beziehung und Beziehungsfähigkeit noch ein wenig genauer betrachten – aus anderer Perspektive: Was geschieht, wenn die beteiligten Personen in ihrer Beziehung eine höhere Bewusstseinsstufe erreichen und eine Beziehung erschaffen, die in ihren Möglichkeiten deutlich über das hinausgeht, was am Anfang der Beziehung stand? Was geschieht, wenn das entsteht, was wir als ***transpersonale Verbundenheit*** bezeichnen? Lass es uns mit den einfachen und bekannten Bildern aus der Transaktionsanalyse veranschaulichen:

Eric Berne [5] differenziert drei Funktionsniveaus des Menschen, die er von unten nach oben Kindheits-Ich, Erwachsenen-Ich und Eltern-Ich nennt:

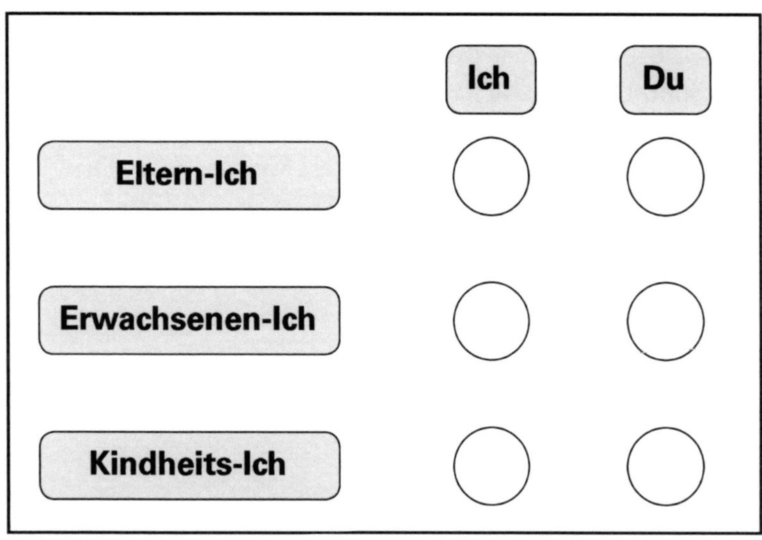

Abb. 7: Modell der Transaktionsanalyse

Für unser Beispiel reicht es, Dir zu vergegenwärtigen, dass im *Kindheits-Ich*, neben den natürlichen, freudigen kindlichen Anteilen, auch Deine bedürftige Seite untergebracht ist. Damit ist jener Anteil von Dir gemeint, der sich nach Versorgtwerden und Geborgenheit sehnt, der sich anlehnen möchte und hofft, dass der andere Verantwortung für Dich übernimmt, Dich versorgt und Dir Sicherheit gibt. Dieser bedürftige Teil hofft auf Erlösung aus der eigenen existentiellen Not – durch den anderen.

Dein *Erwachsenen-Ich* ist jener Persönlichkeitsbereich, in dem Du Deine Präsenz Deinem Kommunikationspartner gegenüber im Zentrum spürst – das heißt, Deine Trägerenergien sind im Gleichgewicht, ebenso wie die Balance zwischen Deinen bedürftigen und normativen Kräften. Das Erwachsenen-Ich stellt Deinen Bezug zur Realität dar, weil es Deine Normen und Triebe an die äußere Situation anpasst.

Das *Eltern-Ich* wiederum enthält Deine Werte und Normen. Hier wohnen Deine strengen und gütigen Eltern sowie deren Stimmen, mit denen sie Dich steuern, aber, und das ist ganz wichtig, in unserem Beziehungsbeispiel ist dieses Dein Eltern-Ich genau jener Teil von Dir, an den sich Dein Partner in seiner Bedürftigkeit wendet, und das Eltern-Ich Deines Partners ist der Teil an ihm, an den Du Dich in Deiner Bedürftigkeit wendest.

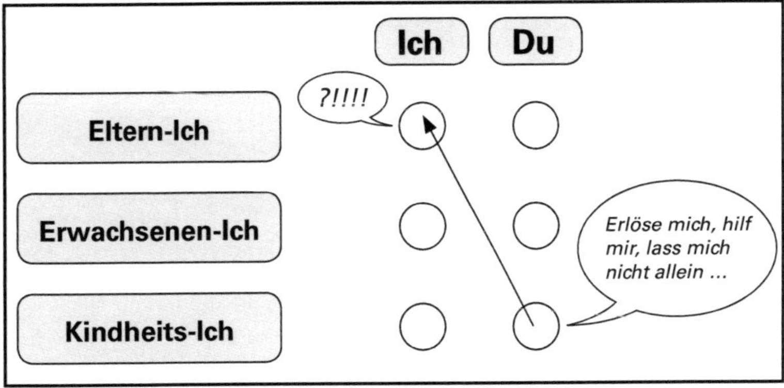

Abb. 8: Dein Partner wendet sich aus seinem Kindheits-Ich an Dein Eltern-Ich, welches sich erschreckt und sich überfordert fühlt.

Und umgekehrt:

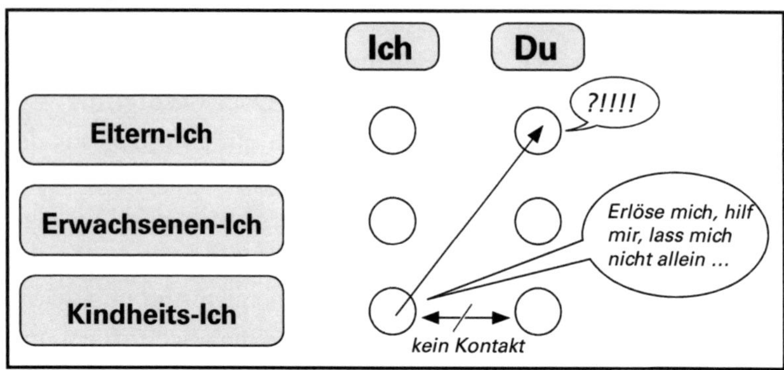

Abb. 9: Dein Kindheits-Ich wendet sich genauso bedürftig an das Eltern-Ich Deines Partners, das ebenso erschrickt und sich überfordert fühlt. Auf Augenhöhe von Kind zu Kind findet kein Kontakt statt.

Wenn Du Dich aber als bedürftiges Wesen an Deine Erlöserphantasie von Deinem Partner wendest, die Du in Deiner Phantasie von seinem überlegenen Eltern-Ich verortest, passiert es leicht, dass Dein Partner sich in dieser Funktion überfordert fühlt und Deinen Anspruch von seinem Eltern-Ich an sein bedürftiges Kind-Ich weitergibt.

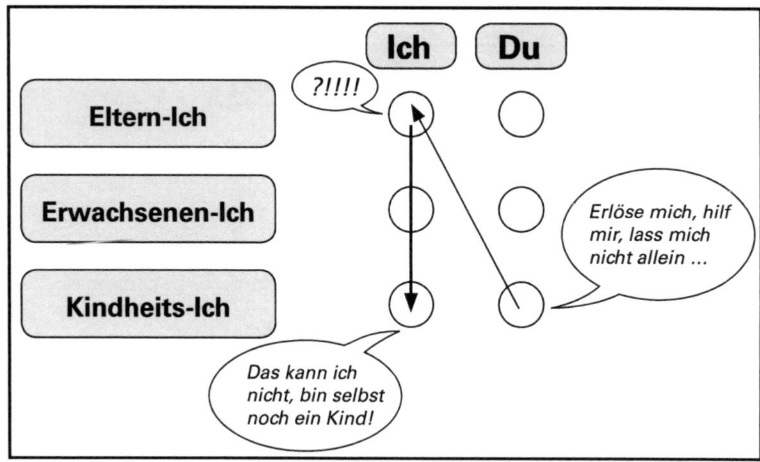

Abb. 10: Dein Eltern-Ich gibt die Forderung Deines Partners an Dein Kindheits-Ich weiter, das verzweifelt protestiert.

Und umgekehrt:

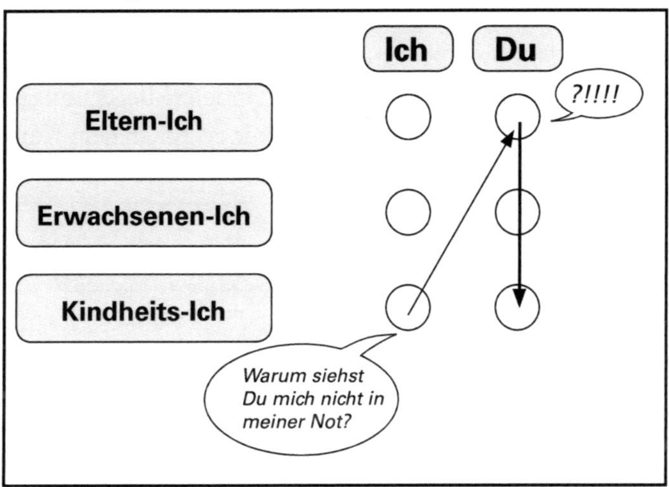

Abb. 11: Verzweifelt klagt Dein Eltern-Ich das Kindheits-Ich Deines Partners an. Es gibt weiterhin keinen Kontakt auf Augenhöhe.

Wütend schimpft dann sein Kindheits-Ich mit Deinem Eltern-Ich auf Grund seiner Illusion von Deiner idealen Seite: „Verdammt noch mal, ich will nicht Deine Mutter sein, schließlich bis Du mein Vater und Beschützer." Dies führt in Deinem Eltern-Ich zu Entsetzen. Die volle Verve der Kritik Deines Partners fließt von da in Dein bedürftiges Kind-Ich, das sich tief verletzt wundert, warum Dein Partner so gemein zu Dir ist und warum Du immer noch alleine bist im Universum.

Bislang habt ihr in diesem Beispiel nur auf der Grundlage eurer kindlichen Bedürftigkeit mittels eurer gegenseitigen Projektionen miteinander kommuniziert.

Eure bedürftige Seite fühlt sich unverstanden, ungeliebt und verletzt und ahnt lange nicht, dass das Ganze ein Wechselspiel ist, dass es Euch in der Beziehung exakt gleich geht. Wenn es Euch gelingt, aus dieser Verstrickung zu erwachen, könnt Ihr lernen, Euch mehr und mehr auf der realen Ebene zu erkennen. Eure Präsenz kann immer mehr erlauben, den anderen in seinem Sosein zu ertragen.

Dieses ist natürlich in einer Partnerschaft am offensichtlichsten. Das Gleiche findet aber auch in zahllosen anderen Begegnungen statt. Zwischen Eltern und Kindern ebenso wie zwischen dem Kunden und dem Verkäufer.

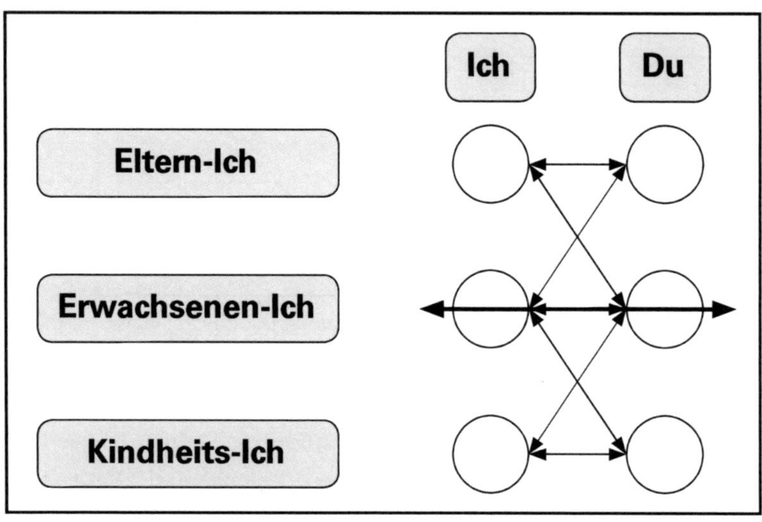

Abb. 12: Die Erwachsenenebene erlaubt eine Begegnung auf Augenhöhe. Die Lebensenergie fließt frei durch das innere Zentrum der Präsenz zueinander und durcheinander hindurch. Die Begegnung ist gleichzeitig persönlich und transpersonal.

Wenn Ihr schließlich lernen solltet, den anderen nicht nur zu ertragen wie er ist, sondern ihn auch noch zu lieben, ohne in Eure Bedürftigkeit zurückzufallen, dann bekommt Eure Beziehung jene Qualität, die für die Bedürfnisse dieses Buches als Transpersonal bezeichnet werden soll. Ihr seid erwacht aus der Unbewusstheit Eurer Verstrickung und erkennt einander im hellen Bewusstsein Eurer Präsenz.

Die ersehnte transpersonale Begegnung setzt daher voraus, dass ich mit meiner eigenen Bedürftigkeit Frieden schließe und für diese soweit die Verantwortung übernehme, dass ich den Blick nicht weiter nach oben richten muss.

Erst wenn ich dies in Liebe tun kann, werde ich fähig zu jenem respektvollen Erbarmen, das ich brauche, um den Partner in seiner Bedürftigkeit zu ertragen, ohne ihn zu beschimpfen, zu verachten oder in eine neurotische Retterrolle zu verfallen. Da ich mit ihm sein kann, ohne ihn zu brauchen, kann ich ihn sein lassen, wie er ist.

Die Momente, in denen dies möglich ist, werden oft wie eine Erleuchtung erlebt, weil dann die Intimität möglich ist, die uns sicher sein lässt, dass wir im Dasein wirklich verbunden sind, mit unserem Partner und mit allen anderen Wesen, wodurch die Furcht vor Isolation ihre Macht verliert.

Ein Paar, das dies erlebt, begreift auf einem höheren Niveau, was Liebe ist.

Wir hassen uns, doch unsere Herzen bleiben verbunden

Das Paar kam schon seit längerer Zeit zu mir, um Paargespräche zu führen. Heute kamen die beiden mit der Erfahrung, eine ganz besondere und auch wegweisende Begegnung miteinander erlebt zu haben.

Wie so oft wirkten beide zunächst verschlossen, enttäuscht und irgendwie einsam. Gleichzeitig war stets eine tiefe Verbundenheit offenbar: Für jeden von beiden war der andere deutlich der Partner für dieses Leben. Soviel war in den Jahrzehnten der Beziehung schon gewachsen. Die tiefe gegenseitige Verbundenheit zueinander war unbestreitbar, doch kaum je wirklich fühlbar. Beide klagten ihr Leid über das Gefühl der Entwertung durch ihren Partner.

Sie hatte sich bemüht, ihm einen schönen Tag zu bereiten, sehnte sich gleichsam als Belohnung danach, ohne Anspruch auf Sex in seinen Armen auf der Couch vor dem Fernseher zu liegen. „Ich will, dass Du mich wärmst, ohne Ansprüche zu stellen."

Er empfand diese Nähe als unbefriedigend, ihm fehlte der Blickkon-

takt, und das Fernsehprogramm trug auch nicht gerade zur Nähe bei, fand er. Als Wärmeflasche missbraucht zu werden, behagte ihm nicht. Er spürte wohl, dass er in die gebende Position gedrängt werden sollte.

Tags darauf lud er sie ein zu einer Massage in seinem Bett. Diesmal war sie es, die ablehnte. Er verstand nicht: Bot er ihr denn nicht, was sie gestern noch gewollt hatte? „Kein Fernsehen, nur wir beide, und ich will dich verwöhnen." Es fiel ihm nicht leicht zu erkennen: Sein scheinbares Gebenwollen war eigentlich Bedürftigkeit. Seine Frau zu berühren erregte ihn und diente damit seiner Lust. So, wie er sich tags zuvor in die Rolle des Gebenden gedrängt gefühlt hatte, fühlte sich nun seine Frau in die Rolle der Gebenden gedrängt.

Es wurde klar: In unserer nehmenden, bedürftigen Rolle können wir einander nicht begegnen, und wir bleiben einsam.

Ob sie einander denn auch in einer gebenden Position kennen würden, fragte ich. „Ja", sagte sie spontan zu ihm: „Kurz bevor ich Dich auf die Couch rief, sah ich, wie verloren Du wirktest in der Art, wie Du dasaßt. Deine Einsamkeit berührte mich und ich wollte Dir meine Nähe geben, um dich daraus zu befreien."

Nun geschah etwas mit ihm: Er empfing die Botschaft seiner Frau, konnte sie vielleicht erstmals an sich heranlassen: „Ich liebe dich." Es gab sie, die wirkliche Zuwendung seiner Frau. Und sicher konnte er diese Liebe zum ersten Mal „auf Augenhöhe" quittieren, indem er ihr sagte: „Deine Liebe tut mir gut."

Mit diesen Worten berührten die beiden einander. Die Atmosphäre im Raum änderte sich. Der Raum wurde voller. Es wurde spürbar, dieses Paar bestand nicht mehr nur aus zwei Individuen. Es hatte eine gemeinsame Kraft erschaffen, die über sie hinausreichte. Das Transpersonale, das über das Persönliche hinausgehende spirituelle Sein wurde unzweifelhaft fühlbar. Die beiden wussten sich nicht länger nur miteinander verbunden – sie fühlten sich verbunden.

Was in dieser Geschichte geschildert wurde, kommt natürlich in allen mitmenschlichen Interaktionen vor, insbesondere auch in solchen der Zusammenarbeit. Ein Team, das dies erlebt, spürt, dass Sinnerleben und Beruf im Kontext der Mitstreiter identisch sein können. Sicher ist das in ganz vielen Fällen gemeint, wenn ein Team von gutem „Flow" redet.

Dieses Dritte, das über den unmittelbaren, räumlichen Kontakt hinausgeht, entsteht in der Begegnung. Es ist unmöglich, es zu beschreiben. Allerdings ist es fühlbar, etwa wie eine Verdichtung der Atmosphäre zwischen den Teilnehmern einer Interaktion. Was allenfalls darüber gesagt werden kann ist, dass alle es merken. Es entsteht ein stiller Konsens darüber, dass dieses Phänomen real ist und nicht diskutiert werden muss. Die vorher als wesentlich gedachten Themen scheinen völlig ihrer Bedeutung beraubt zu sein.

Du betrittst einen Raum, der sich ewig, manchmal sakral anfühlt. Die Stimmung ist feierlich, schweigend, euphorisch. Du fühlst Dich da angekommen, wo Du schon immer hin wolltest.

Gutes miteinander Schwingen ist nichts, was man einmal erwirbt und dann für immer hat. Gutes Schwingen ist ein flüchtiges Geschenk des Lebens, das Deine Achtsamkeit permanent braucht, damit Du es schützen und pflegen kannst.

An dieser Stelle berühren wir die von alters her bekannte Grenze des Formulierbaren. Im Tao gibt es die auf Laotse [44] zurückgehende Formulierung: „Das Tao, über das gesprochen werden kann, ist nicht das absolute Tao." Es bleibt wahr: Wer es erlebt hat, weiß, wovon wir sprechen. Wer es nicht erlebt hat, der hat diese Erfahrung noch vor sich. Vielleicht belehrt ihn eine kleine Schwalbe … Gute Lehrmeister sind die Natur, der Tod und erfüllende Sexualität.

Flow … – Der Flug der Schwalbe

Die Paargruppe war schon fortgeschritten, es war der Morgen des vierten von sieben Tagen. Wir hatten gemeinsam eine Atemmeditation durchgeführt und saßen im Kreis, um miteinander die Wünsche für den kommenden Tag auszutauschen. Die Atmosphäre war sehr dicht, tiefes Vertrauen herrschte unter allen Beteiligten. Die beteiligten Paare spürten sich gut in Verbindung und sie spürten die Verbundenheit als Paar mit der Gemeinschaft der anderen Paare. In dieser Zeit herrschte Stille in der Gruppe, eine Stille, die aus dem Erleben tiefer Präsenz kam. Dann geschah das kleine Wunder. Eine junge Schwalbe verließ zum ersten Mal ihr Nest, das oberhalb der zum Garten offen stehenden Tür gebaut war, umkreiste einmal die Gruppe. Dann umkreiste sie mich zweimal, setzte sich rechts neben mir auf den Boden und schaute mich unvermittelt an. Fassungslos wagte ich schließlich, sie mit meiner Hand zu berühren, ihr über den Rücken zu streicheln. Sie ließ es offensichtlich gern geschehen. Dann schaute sie mich erneut an, flog auf, umkreiste mich ein weiteres Mal und verließ den Gruppenraum. Wir waren alle fassungslos. Einige waren so berührt, dass sie anfingen zu weinen. Der kleine Vogel hatte uns für einen Moment gezeigt, was transpersonal wirklich heißt.

Sinn ist in solchen Situationen ein eindeutig gefühlter Aspekt der Existenz. Er bedarf nicht länger der theoretischen, philosophischen Diskussion.

9.4. In der Zukunft geborgen

„... wenn wir kurz halten, dann nur um zu sehen,
dass der Weg, den wir gehen, schön und doch steil ist,
ein Stück nur vom Teil ist.
Die Suche geht weiter nach vorn – von vorn.“
Rosenstolz[22]

22 Audio CD, Rosenstolz „Die Suche geht weiter“, Rosenstolz, Label: Island (Universal), 2008, „Die Suche geht weiter“

Wir haben in diesem Buch unser möglichstes getan, Dir Brücken zu zeigen, mit denen Du das Nachdenken über Deine Reifungsprozesse in ein Erleben überführen kannst. Ein wesentlicher Grund für uns, dieses Buch zu schreiben, bestand darin, dass wir selber solche Prozesse intensiv in unserer eigenen Seele erfahren haben und gerade deshalb der Überzeugung sind, dass es wichtig ist, diese Erfahrungen möglichst vielen Menschen zugänglich zu machen.

Vielleicht ist die direkteste Möglichkeit für Dich, in Dein Bewusstsein zu springen, die, jemanden dabei zu beobachten, der diesen Sprung tut. Im Folgenden wird Heinz-Jürgen in sehr persönlicher Weise ein solches Erlebnis schildern, dass er vor einem guten Jahr anlässlich seiner ersten Erfahrung mit der Feuermeditation machte:

Die kleine Schwalbe ist gelandet

Während ich dieses schreibe, stehe ich noch ganz im Gefühl eines Meditationserlebnisses. Die in diesem Buch erwähnte Feuermeditation, die Wolfgang vor ungefähr einem Jahr entworfen hat, machte mich neugierig, sie auszuprobieren. In dieser Meditation gibt es eine Visualisierung, in der die Flammen über den Meditierenden hinaussteigen. Als ich mir dieses vorstellte, wobei ich heftig atmete, stieg in mir ein zunächst seltsames Bild auf. Ich fühlte mich plötzlich als der kleine Junge, der ich einmal war, fühlte, wie ich damals in meinem Bett lag und angstvoll aus meinem Fenster in den dunklen Himmel sah. Ich spürte meinen Körper, wie er sich ausdehnte, weitete, ja mein Zimmer verlassen wollte. Ich hielt es für einen Herzinfarkt, analog zu dem, an dem mein Vater gestorben war. Ich wehrte mich nicht und sah zu, wie der kleine Junge starb. Dann fühlte ich, wie ich mich – als der kleine Junge am dunklen Himmel die Sterne sah – mit ihnen verband.

In der Vergangenheit war dies sehr häufig geschehen und jedes Mal, wenn ich dieses seltsame Gefühl des Sterbens hatte, genoss ich diese Ausweitung in den Sternenhimmel. Ich erinnerte mich während der Medi-

tation sehr deutlich an diese damaligen Zustände im Umfeld des Todes meines Vaters, die nun schon mehr als vier Jahrzehnte zurückliegen. Die Erfahrung, diese Zustände zu überleben, verminderte meine Angst und ich sehnte mich manchmal schon nach ihnen. Wenn ich damals, als Kind, ins Bett ging, wünschte ich mir, dass diese seltsame Erweiterung und Schwerelosigkeit meines Körpers wieder beginnen sollte und ich das seltsame Hinaufschweben in die weit entfernte Galaxis wieder erleben konnte. Meine Neugier darauf zu erfahren, was da mit mir dort oben passierte, wurde immer stärker.

Nach gewisser Zeit verschwanden diese Erlebnisse. Ich konnte sie niemandem erzählen, da es niemanden gab, dem ich mich in der Trauer um meinen Vater hätte anvertrauen können. So bewahrte ich diese Erinnerung in meinem Unbewussten über Jahrzehnte auf, bis sie während der besagten Feuermeditation mit voller Wucht zurückkehrte. Nichts war vergessen. Ich spürte diesen unmittelbaren Zustand wieder, es zerriss mich fast. Aber während ich dieses Gefühl in mir aufsteigen fühlte, ja es ersehnte, veränderte sich das Bild während der Meditation. Ich hatte einen Blick auf die Erdkugel und sah aus großer Höhe hinunter auf die Erde. Ich sah diesen kleinen Jungen, der sich mit seinen Gefühlen, Wünschen und Gedanken aus seinem Zimmer ausdehnte, hinein in das Universum mit seinem Sternenzelt, um dort mit seiner Energie auf mich, den jetzt erwachsenen Mann, zu treffen. Plötzlich begriff ich: Auch damals hatte ich ihn schon beschützt in seiner Not. Ich war schon da gewesen, um ihn in seiner schwierigsten Zeit zu bewahren, er hatte sich nach mir gesehnt und konnte damals nicht erkennen, dass ich als erwachsene Seele bereits bei ihm war.

Nachdem die Feuermeditation zu Ende war, fühlte ich mich wohl, gestärkt, seltsam gereinigt. Ich vergaß dieses Erlebnis wieder. Doch Monate später erkannte ich, wie tiefgreifend es gewesen war. In einem anderen Zusammenhang sprach ich mit Wolfgang über meine Biografie und damit auch über meine damalige schwierige Lebenslage als Kind. Während ich recht sachlich einige Daten aufführte, sagte Wolfgang: „Ja, schon verrückt, wie das alles war, und doch war alles richtig.“

Ich wurde durch eine innere Kraft aus meinen Gedanken gerissen, ich brach förmlich ein in mein tiefstes Inneres. Ja, er hatte Recht, es war schon damals alles richtig. In der Feuermeditation hatte ich es ja erlebt. Ich als der heutige war damals schon da, und nun wurde mir schlagartig bewusst, auch dieser Moment unserer Begegnung richtig war. Ich fühlte die unmittelbare Präsenz unseres momentanen Seins. Somit ist auch jeder nächste Moment meines Lebens, wenn ich ihn denn achtsam an mich heranlasse und ihn einfach annehme, wie er ist, auch richtig.

Dieser Einbruch in die Wahrheit meines Seins kam so überraschend und heftig, dass meine Logik ihn nicht verhindern konnte. Unsere Begegnung wurde unmittelbar. Das Gefühl, dass mein Brustkorb zu eng war, sprengte mich fast. Die Grenzen meines Körpers, so wie ich es damals als der kleine Junge schon angstvoll erlebt hatte, wollten sich weiten. Ein Bild, wie ein Astronaut, der seinen Körper durch einen Astronautenanzug erweitert hat, stellte sich ein. Mit einem Unterschied zu den Ursprungserlebnissen des kleinen Jungen: Ich war vollkommen angstfrei.

Ich saß mit Tränen erfüllten Augen auf dem Sessel und eine unmittelbare Erfahrung des Schwingens breitete sich in mir aus. Meine Grenzen waren verschwunden, ich fühlte mich verbunden, konnte sein, wie ich bin und Dir schildern, was der kleine Junge vor Jahrzehnten niemanden anvertrauen konnte: ‚So fühle ich, so geht es mir gerade wirklich!'

Die Intensität dieses Erlebnisses muss nicht weiter kommentiert werden – wir sind immer ganz da, wir können einander wirklich begegnen und in dieser Begegnung spüren, dass die existenzielle Isolation eine Illusion ist.

Als erwachsener Mann ist Heinz-Jürgen für den kleinen Jungen ein Wesen aus der Zukunft und dennoch war er immer da. Und es ist gut zu wissen, dass der kleine Junge, ohne es zu ahnen, in der Zukunft geborgen war.

Es kann sehr hilfreich sein, diese Erfahrung auf das eigene Dasein zu übertragen. Denn wie bei dem kleinen Jungen müssen wir nur verstehen, dass alles, was wir jetzt erleben, so wunderbar oder auch schlimm und bedrohlich es auch immer sein mag, in der Zukunft bewältigt, integriert und aufgehoben ist. In diesem Sinne können wir uns auch darauf verlassen, im gütigen Blick unseres eigenen weiterentwickelten, bewussteren künftigen Selbst geborgen zu sein.

10. Und so stürzen wir denn …

„Gott ließ uns fallen und so stürzen wir denn auf ihn zu.“ [23]

Der Sturz auf Gott zu, den Dürrenmatt beschreibt, führt nicht nur in das Dunkel eines Tunnels. Er lässt sich auch begreifen als eine Art permanenter Reinigungsprozess, in dem unsere Begegnung mit anderen immer wieder neuen Prozeduren der Verfeinerung unterzogen wird. Doch „pures Gold“ – die absolute Reinheit der Begegnung – dürfte eher vom Paradies als von dieser Welt zu erwarten sein. Absolutheitsansprüche stellen wir nicht – weder an uns, noch an Dich, lieber Leser. Vielmehr halten wir es mit dem Psychoanalytiker *Enke* [15]: „Selbstverständlich ist narzisstische Liebe auch Liebe.“ Jeder liebt, so gut er kann, und hat jedes Recht darauf, dass wir ihn in seinem Ringen um das konstruktive Leben würdigen.

Die beschriebenen Prozesse erscheinen uns in vielen Lebensbereichen nützlich, um Orientierung zu finden in dem gemeinsamen Suchprozess, den wir mit unserem jeweiligen Gesprächspartner teilen. Es ist nicht unser Ziel, eine neue Idealbildung zu unterstützen, an der die Realität zu messen und zu verurteilen wäre.

Wahre Liebe macht Freude – auf jeder Verwirklichungsstufe. In gewisser Weise kann, in Anlehnung an *Walter Kempler* [35], die jeweilige Möglichkeit der Liebe als eine Art Zwischenhypothese begriffen werden, die freudig verworfen werden soll, wenn wir es besser wissen.

---

23 Friedich Dürrenmatt [13], hier Seite 167

Literaturauswahl

1. Anand, Margo: Der Weg zur Ekstase. Die Sexualität des neuen Menschen. Simon & Leutner, Berlin 2008
2. Arnet, Werner: Emotionale Kräfte wecken. Seminarreihe, Emologos, Sigmaringen 2004
3. Avila, Teresa von: Die innere Burg. Diogenes, Zürich 2006
4. Barosi, Antonio: Private Mitteilung. POD srl, Mailand 2006
5. Berne, Eric: Spiele der Erwachsenen. Psychologie der menschlichen Beziehungen. Rowohlt Tb, Reinbek bei Hamburg 2002
6. Bion, Wilfred R.: Aufmerksamkeit und Deutung. Edition Discord, Tübingen 2006
7. Blanck und Blanck: Angewandte Ich-Psychologie. Klett-Cotta , Stuttgart 1998
8. Castaneda, Carlos: Die Reise nach Ixtlan. Fischer, Frankfurt am Main
9. Chopich, Erika J.: Die Aussöhnung mit dem inneren Kind. Ullstein, Berlin 1998
10. Dass, Ram: Sei jetzt hier. Sadhana Verlag, Berlin 1996
11. Dethlefson, Thorwald: Krankheit als Weg. Goldmann, München 2000
12. Dürckheim, Karlfried, Graf: Wunderbare Katze und andere Zen-Texte. W. Barth (Fischer), Frankfurt am Main 2001
13. Dürrenmatt, Friedrich: Der Tunnel. in: Die Stadt, Prosa I-IV, S. 149-167, hier S. 167. Verlag die Arche, Zürich 1952
14. Eckhart, Meister: Wunder der Seele. Reclam, Ditzingen 1986
15. Enke, Helmut: Psychotherapeutisches Handeln. Grundlagen, Methoden und Ergebnisse der Forschung. Kohlhammer, Stuttgart 1983
16. Forster, Sandra: siehe Riedel, Jens
17. Frankl, Victor E.: Der Mensch vor der Frage nach dem Sinn. Piper, München 2008
18. Freud, Sigmund: Totem und Tabu: Einige Übereinstimmungen im Seelenleben der Wilden und der Neurotiker. Fischer, Frankfurt am Main 1991
19. Fromm, Erich: Die Kunst des Liebens. Ullstein, Frankfurt am Main 1990
20. Galuska, Dorothea: Vortrag: Die Vision einer sich selbst inspirierenden

Unternehmenskultur. Live Mitschnitt auf dem Kongress „Auditorium Netzwerk“, Müllheim/Baden

21. Goleman, Daniel: Emotionale Intelligenz. Hanser, München 1996
22. Goleman, Daniel: Emotionale Führung. Ullstein, Berlin 2003
23. Goleman, Daniel: Dialog mit dem Dalai Lama. Hanser, München 2003
24. Gruen, Arno: Der Verrat am Selbst. Die Angst vor Autonomie bei Mann und Frau. DTV, München 1993
25. Hesse, Hermann: Siddartha. Suhrkamp, Frankfurt am Main 1994
26. Hesse, Hermann: Die Gedichte. Suhrkamp, Frankfurt am Main 1977
27. Hesse, Hermann: Narziss und Goldmund. Suhrkamp, Frankfurt am Main 1971
28. Hofmann, Arne: EMDR: Therapie psychotraumatischer Belastungssyndrome. Thieme, Stuttgart 2005
29. Jäger, Willigis: Die Welle ist das Meer. Herder, Freiburg i. Brsg. 2000
30. Jäger, Willigis: Westöstliche Weisheit. Theseus, Stuttgart 2007
31. Jung, Carl, G.: Wandlungen und Symbole der Libido. Fischer, München
32. Kabat-Zinn, Jon: Die heilende Kraft der Achtsamkeit. audiobook, arborverlag 2004
33. Kabat-Zinn, Jon: Werever you go there you are. Hyperion, New York 1994
34. Kaufmann, Rudolf A.: Ängste, Phobien und andere unnötige Lasten. Asanger, Kröning 2002
35. Kempler, Walter: Erlebnisaktivierende Familientherapie. Jungfermann-Verlag, Paderborn 1989
36. Klein, Melanie: Das Seelenleben des Kleinkindes und andere Beiträge zur Psychoanalyse. Klett-Cotta, Stuttgart 2006
37. Kernberg, Otto F.: Innere Welt und äußere Realität. Klett-Cotta, Stuttgart 1989
38. Krahé, Wolfgang Dr.: Feuermeditation. CD. Königswinter 2008
39. Krahé, W./ Weigt, H.-J./ Krahé, J.: Fusionen im Lichte der OPTh. Oscar Newsletter, 2005
40. Koestler, Arthur: Der göttliche Funke. Scherz, Bern 1966
41. Konfuzius: Die Weisheit des Konfuzius. Insel, Frankfurt 2004

42. Kopp, Sheldon B.: Triffst Du Buddha unterwegs. Fischer, Frankfurt am Main 2006
43. Kreuz, Johannes vom: Sämtliche Werke: Die Dunkle Nacht: Bd 1,2. Herder, Freiburg 1995
44. Laotse: Tao Te King. Anaconda Verlag, Köln 2006
45. Leary, Thimothy: The Psychedelic Experience: A Manual Based on the Tibetan Book of the Dead. Citadel Pr 2003
46. Long, Barry: Sexuelle Liebe auf göttliche Weise. Neue Erde, Saarbrücken 2004
47. Long, Barry: Nur die Angst stirbt. J. Kamphausen, Bielefeld 1989
48. Lorenz, Konrad: Das sogenannte Böse. DTV, München 1992
49. Mardorf, Elisabeth Dr.: Es kann doch kein Zufall sein! Kösel Verlag, München 2002
50. Malik, Fredmund: Strategie des Managements komplexer Systeme. Haupt, Bern 2003
51. Martens-Schmid, Karin: Die „ganze“ Person im Coaching. Ambivalenzen und Optionen. OSC 1/2007
52. Miller, Alice: Das Drama des begabten Kindes. Suhrkamp, Frankfurt am Main 1997
53. Moeller, Michael Lukas: Die Wahrheit beginnt zu zweit: das Paar im Gespräch. Rowohlt, Reinbek bei Hamburg 1997
54. Neumann, Erich: Amor und Psyche. Walter-Verlag (Patmos), Düsseldorf 2004
55. Odier, Daniel: Begierde, Leidenschaft und Spiritualität. Innenwelt Verlag, Köln 2002
56. Osho: Liebe, Freiheit und Alleinsein, Goldmann, München 2006
57. Paul, Margaret: s. Chopich, Erika/ Perls, Frederick S.: Das Ich, der Hunger und die Aggression, Klett-Cotta, Stuttgart 2006
58. Perls, Frederick S.: Ego, Hunger and Aggression: A Revision of Freud's Theory and Method. Gestalt Journal Press,U.S 1992
59. Polster, Ervin/ Polster, Miriam: Gestalttherapie: Theorie und Praxis der integrativen Gestalttherapie. Hammer, Wuppertal 2001
60. Rackham, Neil: Spin Selling. McGraw-Hill, 1988

61. Read, Bruce: Persönlich Mitteilung an W. Krahé. 1982
62. Richardson, Diana: Zeit für Liebe: Sex, Intimität und Ekstase in Beziehungen. Innenwelt-Verlag, Köln 1994
63. Riedel, Jens: Coaching für Führungskräfte. Darin *Sandra Foster* zu EMDR. Dissertation. Deutscher Universitäts-Verlag, Wiesbaden 2003
64. Rogers, Carl R.: Die nicht Direktive Beratung
65. Rogers, Carl R: Die Theorie d. Psychotherapie, der Persönlichkeit und der zwischenmenschlichen Beziehungen. GwG, Köln 1989
66. Saint-Exupery, Antoine de: Der kleine Prinz. Verlag Rauch, Düsseldorf 1998
67. Schmidbauer, Wolfgang: Coaching in der Psychotherapie, Psychotherapie im Coaching. OSC 1/2007
68. Schwartz, H. S.: Psychodynamics of political correctness. Journal of Applied Behavioral Science, 33 (2), 1997: 133-149
69. Seneca: Vom glückseligen Leben und andere Schriften. Reclam, Ditzingen 1986
70. Senge, Peter: Die fünfte Dimension. Klett-Cotta, Stuttgart 1996
71. Senge, Peter: Presence, Currency. New York 2005
72. Shah, Idries: Die drei Wahrheiten: Weisheitsgeschichten der Sufis. Herder, Freiburg 2007
73. Sheldrake, Rupert: Das schöpferische Universum. Ullstein, Berlin 1999
74. Schmidt-Lellek, Christoph J.: Charisma, Macht und Narzissmus. OSC 1/2004
75. Schreyögg, Astrid: Coaching. Eine Einführung für Praxis und Ausbildung. Campus, Frankfurt am Main 2003
76. Simkin, James S.: Gestalttherapie. Gik, Gestalt-Institut Köln. Hammer, Wuppertal 2003
77. Thich Nhat Hanh: Ärger. Goldman Arkana, München 2007
78. Tipping, Colin C.: Ich vergebe: Der radikale Abschied vom Opferdasein. J. Kamphausen, Bielefeld 2004
79. Tolle, Eckhart: Jetzt. J. Kamphausen, Bielefeld 2004
80. Watzlawick, Paul: Anleitung zum Unglücklichsein. München, Piper 1983
81. Wilber, Ken: Eros, Kosmos, Logos. Fischer, Frankfurt am Main 2001

82. Wilber, Ken: Eine kurze Geschichte des Kosmos. S. Fischer, Frankfurt am Main 1997
83. Wilber, Ken: Integrale Psychologie. Arbor, Freiamt 2001
84. Wilber, Ken: Integrale Spiritualität. Kösel, München 2007
85. Winnicott, Donald, W.: Reifungsprozesse und fördernde Umwelt. Psychosozial-Verlag, Gießen 2006
86. Wurmser, Leon: Die Maske der Scham. Klotz, Eschborn 2007
87. Yalom, Irvin D.: Die rote Couch. Btb, München 1998
88. Yalom, Irvin D.: Die Schopenhauer-Kur. Btb, München 2007
89. Yalom, Irvin D.: Existenzielle Psychotherapie. Kohlhage, Bergisch Gladbach 2005
90. Yalom, Irvin D.: Theorie und Praxis der Gruppenpsychotherapie. Klett-Cotta, Stuttgart 2005
91. Yalom, Irvin D.: Was Hemingway von Freud hätte lernen können. Btb, München 2003
92. Yalom, Irvin D.: Die Liebe und Ihr Henker. Btb, München 2001

Hinweise auf Audio und Video

Grönemeyer, Herbert: CD Mensch, Titel: Mensch, Emimusic 2002

Lousian, Annett: CD Bohème, Titel: Ich will doch nur spielen, CD, 105m 2004, Peer Music, Hamburg

Mike and the Mecanics: An other cup of coffee, CDHits from Mike and the mechanics. Virgin UK (EMI), 1996

Moustaki, George: LP Moustaki, Titel: Il et trop tard, Polydor 1972

Rosenstolz: Die Suche geht weiter, Audio CD, Label Island (Universal)

„Eine verhängnisvolle Affäre“, Regie: Adrian Lyne, DVD, Paramount 2006

„Herr der Ringe“, Regie: Peter Jackson, Warner Home Video, DVD,2007

Danksagungen

Ein Buch wie dieses ist die Summe zahlloser Geschenke, die uns, den Autoren, im Laufe unseres Lebens zuteil wurden. Ohne unsere Freunde, Kollegen, Patienten und Klienten, die uns Einblick in die Tiefe ihrer Seele gewährten, hätten wir das meiste nie verstanden. Diesen unseren Wegbegleitern und Lehrern sind wir in tiefer Dankbarkeit verbunden.

Auch ohne unsere Freunde, die uns ermutigt haben und tatkräftig halfen bei der Durchsicht und Korrektur unseres Manuskriptes, wäre das Buch nie fertig geworden. Besonders erwähnen möchten wir an dieser Stelle Annette Proehl und Klaus Weeber, sowie Katja Krahé und Jürgen Krahé, die uns mit Engagement, Sachverstand und Liebe zur Seite standen.

Danke an Elzbieta Sobotta für die Erlaubnis, ihr Hochzeitsgedicht zu integrieren. Auch ihr verdanken wir wesentliche Anregungen, ebenso Kerstin Lawrenz, Maria und Dieter Meiners und Marianne Gamp.

Adele Gerdes, Sarah Weigt und Ursula Hensel haben als Lektorinnen wesentlich zur sprachlichen Verbesserung, zu Struktur und Inhalt beigetragen. Ihr Engagement war uns in vielen Situationen eine spürbare menschliche Unterstützung. Ganz besonderer Dank an Ursula Hensel, unsere Verlegerin, die uns ermutigte und jederzeit kompetent und nachhaltig unterstützte.

Unser ganz lieber Dank gilt unseren Frauen dafür, dass sie auf einem langen initiatischen Weg, unserem eigenen Höllenritt zu unserer männlichen Identität, auf dem sie uns und wir ihnen wenig ersparten, an unserer Seite blieben.

Danke für die Konfrontation mit dem ganzen Spektrum an weiblicher Macht und Ohnmacht, die uns heute ermöglicht als etwas gereiftere Männer zu wissen, dass *Erich Neumann* in seinem Buch „Die große Mutter“ Phänomene beschreibt, die tatsächlich existieren, und die in der Lage sind, uns als Männer auf unserem

Weg des Helden zutiefst zu erschüttern. Helena, Loreley, Salome, Kali – es gibt sie wirklich. Von der Schlange Kaa ganz zu schweigen.

In Eurer Anima Rolle betörtet Ihr uns mit der Euch eigenen Erotik der ewigen Jugend, ebenso, wie Ihr uns mit der Rückseite der verführerischen Anima – mit der schlecht erzogenen, plärrenden Göre, die überschwemmt wird von Verlassenheitsängsten – auf die Nerven geht. In der Rolle der großen Mutter nährt Ihr uns und tut es immer noch in Eurer unerschöpflichen Liebe und Fürsorge und treibt uns gleichzeitig in das existenzbedrohende Grauen Eurer verschlingenden Anteile. Und schließlich in Eurer Rolle als gereifte kraftvolle, gleichberechtigte Wesen an unserer Seite, als erwachsene Frauen, ertrugt und ertragt Ihr unsere kindhafte Unberechenbarkeit ebenso, wie Ihr den jugendlichen Liebhaber genießt, jenen *Puer Aeternus*, der nicht wahrhaben will, dass wir nicht nur immer besser taugen für die Rolle des alten Weisen, sondern dass Weisheit auch mit Älterwerden zu tun hat.

So gehen wir Seite an Seite mit Euch und sind uns oft der Gnade, dass unsere existenzielle Einsamkeit durch Euch überwunden wird, nicht angemessen bewusst.

Wir lieben Euch.

Wir knien nieder vor Eurer göttlichen Natur,

Eure Würde und Weisheit lässt uns erschaudern,

und wir sind voller Erbarmen mit Eurer Kreatürlichkeit und Verletzbarkeit, die Euch mit uns unsere Endlichkeit teilen lässt.

Über uns

Bridge into life

Begegnung ist aus unserer Sicht die entscheidende Brücke ins Leben. Unser Buch hat den Sinn, diese Brücke in Ihren drei Dimensionen erlebbar zu machen. Diese drei Ebenen sind:

1. Die Brücke zu Dir selbst
2. Die Brücke zum anderen
3. Die Brücke zum erweiterten Bewusstsein

Wir haben lange darüber nachgedacht, was unser Beitrag sein könnte, um nicht nur das Wissen, sondern auch die Erfahrung, die zu unserem Buch führte, zu vermitteln.

Aus diesen Überlegungen entwickelte sich eine Vorgehensweise, die auch Methode ist und die beschreibt wie unser spezifisches Vorgehen bei all unseren Aktivitäten funktioniert: Sie heißt *Bridging.*

Auf unserer Homepage www.bridge-into-life.de sind umfangreiche Informationen zu Theorie und Praxis von „Bridging" und zu uns als Personen nachzulesen.

Dort findet sich auch eine kurze Darstellung, der von uns gemeinsam entwickelten Organisationspsychotherapie, OPTh.

Nichts kann ein Begegnungskonzept besser lehren als direkte Begegnung. Hierzu bieten die auf unserer Homepage angebotenen Seminare, Curricula und Vorträge ideale Gelegenheiten. Hier finden sich auch die Kontaktdaten für jene, die unseren Dienst als Coaches, Personalentwickler und Unternehmensberater in Anspruch nehmen wollen.

Bridge into life ist auch die Homepage der psychosomatischen, psychotherapeutischen, psychiatrischen Praxisgemeinschaft von Dr. Katja und Dr. Wolfgang Krahé.

Dr. Wolfgang Krahé

Dr. med., Dipl.-Psych. Wolfgang Krahé, Jahrgang 1950: Mein Lernweg begann mit dem Studium der Psychologie. Mein Interesse galt den Verfahren der humanistischen Psychologie und später der systemischen Paar- und Familientherapie. In diesem Zusammenhang faszinierte mich die Arbeit mit Gruppen. Seit Ende der 70er Jahre begleite ich unter anderem Teams aus vielen Bereichen als Coach und Supervisor. Nach dem Ende meines Medizinstudiums lernte ich während verschiedener Facharztausbildungen die psychoanalytisch/psychodynamische Sichtweise kennen, ebenso wie die verhaltenstherapeutische im Rahmen meiner Ausbildung zum Sexualtherapeuten.

Seitdem liegt der Schwerpunkt meiner Arbeit auf der Entwicklung einer schulenübergreifenden, integrativen Psychotherapie, die durch eine ideologiefreie spirituelle Haltung, zu der mir jahrelange Meditationspraxis verholfen hat, zusätzliche Tiefe gewinnt. Mein beruflicher Alltag gestaltet sich in der Weise interdisziplinär, dass ich als Facharzt für Neurologie und Psychiatrie, sowie als Facharzt für Psychosomatische Medizin und Psychotherapie gemeinsam mit meiner Frau Katja eine psychiatrisch/psychotherapeutische Praxis betreibe.

Ein Schwerpunkt dabei ist neben der Einzeltherapie die Arbeit mit Gruppen und Paaren. Als Supervisor begleite ich Kollegen und Teams aus mehreren Bereichen.

Gemeinsam mit Heinz-Jürgen Weigt erarbeitete ich die Organisationpsychotherapie, deren wesentliches Element die Anwendung psychotherapeutischer Theorien und Instrumente auf den Business-Bereich darstellt.

Gemeinsam betreiben wir *Bridge-into-life*, eine Unternehmensberatung mit Sitz in Königswinter.

Dieses Buch repräsentiert eine erste klare, vermittelbare Darstellung des *Bridging*, das unserer Ansicht nach der immensen Bedeutung von Begegnung in jeglichen menschlichen Entwicklungsprozessen als Interventionsinstrument Ausdruck verleiht.

Heinz-Jürgen Weigt

Dipl.-Ing. Heinz-Jürgen Weigt, Jahrgang 1952: Mein Lernweg begann mit einem naturwissenschaftlichen Studium: Ingenieurswissenschaften. Es folgte eine Berufslaufbahn im internationalen Anlagenbau als Projektleiter. Später dann verschiedenen Aufgaben im Management bis hin zur Geschäftsführung mehrer mittelständiger Unternehmen.

Als Führungskraft faszinierte es mich recht früh, Unternehmen so zu gestalten, dass ökonomische und humanistische Interessen ins Gleichgewicht kamen. So eignete ich mir alle gängigen Führungs- und Managementmodelle dazu an, die mich aber nie wirklich befriedigten. Nach tiefgreifender Selbsterfahrung machte ich eine Ausbildung in Gestaltarbeit. Durch die Zusammenarbeit mit Dr. Wolfgang Krahé konnte ich mir die Sichtweise der Psychotherapeutischen Wissenschaften aneignen. Es folgte ein intensives Studium philosophischer und organisationstheoretischer Literatur, besonders wichtig war für mich die intensive Auseinandersetzung mit den Gedanken von Ken Wilber, Irvin Yalom und Peter Senge. Eine Ernte dieses Studiums ist die gemeinsame Formulierung der Organisationspsychotherapie, die in diesem Buch als erlebbare Haltung dargestellt ist.

In der Zusammenarbeit mit Jürgen J. Krahé in der gemeinsamen Zeit in *Group Impact* und in meinem heutigen Tätigkeitsbereich bei *Bridge into life* als Coach, Trainer und Organisationsberater, wurde und wird das beschriebene Wissen zum erlebbaren Tun.

Führung ist eine Sonderform von Begegnung, eines der Felder, in dem sich *Bridging* für alle Beteiligten bewährt – und Wachstumsprozesse bei Unternehmen beschleunigt.